MIS CAMINOS
Experiencias vividas en los Caminos de Santiago de Compostela y el Cañón del Chicamocha

Vicente Cabán

Reservados todos los derechos. No se permite la reproducción total o parcial de esta obra, ni su incorporación a un sistema informático, ni su transmisión en cualquier forma o por cualquier medio (electrónico, mecánico, fotocopia, grabación u otros) sin autorización previa y por escrito de los titulares del copyright. La infracción de dichos derechos puede constituir un delito contra la propiedad intelectual.

El contenido de esta obra es responsabilidad del autor y no refleja necesariamente las opiniones de la casa editora. Todas las imágenes fueron proporcionadas por el autor, quien es el único responsable sobre los derechos de las mismas.

Publicado por Ibukku
www.ibukku.com
Diseño y maquetación: Índigo Estudio Gráfico
Copyright © 2020 Vicente Cabán
ISBN Paperback: 978-1-64086-553-2
ISBN eBook: 978-1-64086-554-9

ÍNDICE

Capítulo I: La Ruta Panorámica	5
Capítulo II: El Camino Portugués	9
Capítulo III: El Camino Francés-Las Montañas	19
Capítulo IV: El Camino Francés-La Meseta	29
Capítulo V: El Camino Francés - Más Montañas	37
Capítulo VI: El Camino Finisterre	61
Capítulo VII: El Camino Sanabrés	71
Capitulo VIII: El Camino del Norte	89
Capítulo IX: El Camino Primitivo	115
Capítulo X: Regreso del Más Allá	137

Capítulo I: La Ruta Panorámica

Cuando decidí jubilarme, en el año 2009, creí estar listo para el gran cambio. Me sepulté en un mar de papeles que eran requisito para hacer la transición de una vida ordenada, estructurada y reglamentada, a un mundo nuevo que prometía un universo rosado, como en un cuento de hadas, en el que respiraría libertad. Puse todo en orden para dar el gran paso y muy pronto me hice dueño de mi propia vida... Libre al fin. Ya no dependía de los pequeños dioses privilegiados que hacían miserable mi existencia terrenal.

Me había preparado económicamente para disfrutar de mi libertad y ser autosuficiente. Con muchos planes y un mundo de ideas comencé a estructurar mi vida sin el ojo espía de un poder jerárquico. Al principio fue difícil ser mi propio patrón, pero con mucho esfuerzo y dedicación lo superé, comencé a disfrutar de la *dulce vita*.

Aunque me agradó mucho el nuevo cambio, debo confesar que extrañaba mi existencia pasada, la nueva forma me daba un poco de miedo e incertidumbre. Echaba ya de menos a mis colegas, amigos, estudiantes y creo que hasta a mis superiores; pero como todo en la vida, pude adaptarme a mi nuevo entorno, hice nuevos amigos y una vida menos estructurada reemplazó viejos patrones que manipularon mi existencia por largos años. Poco a poco me fui adaptando a mi nuevo ambiente hasta convertirlo en costumbre, me establecí y comencé a disfrutar mi próxima aventura.

Se dice que el hombre es un animal de rutina, pero incluso la belleza cansa. Aunque creía disfrutar de mi nuevo escenario comencé a tener episodios de ansiedad, necesitaba una válvula de escape, fue en este punto donde, por accidente o porque el universo obró a mi favor, descubrí un nuevo mundo. En una de mis clases de yoga conocí al Dr. Roberto Ramírez Vivoni y le comenté que había escuchado del Camino de Santiago de Compostela y que me parecía que recorrerlo podría ser una bonita experiencia. Él me respondió que si quería hacerlo debía estar preparado física y mentalmente.

En aquel entonces yo estaba tomando clases de yoga y de tai chi, también meditaba por las mañanas en la comodidad de mi hogar, esto me preparaba para la parte mental, pero faltaba la parte física. Roberto me comentó que él formaba parte de la junta de directores del Fondo de Mejoramiento de Puerto Rico, parte de sus actividades incluían una caminata por la Ruta Panorámica, la cual comenzaba en Maunabo y culminaba en la ciudad de Mayagüez, recorriendo un total de 248 kilómetros. El Dr. Ramírez me dijo que esta era una buena oportunidad para prepararme físicamente y poder hacer el Camino de Santiago de Compostela sin mayor dificultad.

Ruta Panorámica de Maunabo a Mayagüez

En enero comenzamos las caminatas de la Ruta Panorámica, las cuales me prepararían para mi futura aventura. Éstas ofrecían mucho más que un entrenamiento físico, pues no solo era caminar de punto A para llegar al punto B. Comenzábamos temprano en la mañana con un buen desayuno y muchas veces al son de la guitarra, el cuatro, las maracas y el güiro. Durante las primeras horas del día las montañas estaban cubiertas por sábanas blancas de neblina y éramos atacados por el frío mañanero, pero había mucho calor humano. Más que un grupo de amigos éramos una familia que celosamente cuidábamos de nuestros miembros. Teníamos que manejar muchos kilómetros para llegar al punto de encuentro desde donde partiríamos caminando hasta llegar al final de la etapa. Madrugar muy temprano y manejar en la oscuridad, muchas veces bajo lluvia o neblina, era una verdadera odisea, pero lo hacíamos con mucho entusiasmo, la recompensa de disfrutar la compañía de aquellos caminantes energéticos, con muchas ganas de vivir y gozar, compensaba el "sacrificio" de cada caminata. Cada cual caminaba a su ritmo y la llegada era progresiva. Los que llegaban adelante daban la bienvenida festejando cada una de las siguientes llegadas con vítores, palabras de aliento, felicitaciones y a veces hasta con un pequeño obsequio de "lágrimas de monte". Celebrábamos cada llegada con mucha algarabía y música campesina. El fin de la jornada en la caminata era el principio de una celebración que se extendía por varias horas del día y muchas veces hasta el anochecer.

Cada etapa de la caminata tenía un panorama distinto, pero todas ofrecían la belleza típica de nuestra campiña y la nobleza envidiable de nuestros campesinos. Caminar y disfrutar tanto de nuestros campos como de la gente bella era una fiesta para nuestros sentidos. Sin embargo, no todo estaba diseñado para el deleite, como uno de los objetivos principales era ejercitarse y prepararse físicamente había que sacrificarse con el cansancio que implicaba caminar tantos kilómetros. Muchas de las cuestas que había que subir y bajar eran un reto que enfrentábamos con gallardía. Algunas de las subidas eran tan notorias por su desnivel y complejidad que fueron bautizadas con nombres alusivos al grado de dificultad: la Cuesta del Bacalao, las cuestas de Guilarte y la Cuesta del Carajo eran respetadas por todos los que las conocían, pero con mucha paciencia, entusiasmo, sabiduría, práctica y esmero, cada caminante iba conquistando aquellas notorias subidas a su ritmo. Armados con mucha determinación y alegría, una por una logramos conquistar las 18 fases hasta llegar a la Ciudad de Mayagüez.

La llegada a Mayagüez fue todo un acontecimiento, nos recibieron como a reyes marchando por sus calles, acompañados por una banda municipal; luego nos dirigimos a la casa alcaldía, donde nos recibió un representante del alcalde y fuimos invitados a una cena, cortesía del municipio de esa localidad. Mientras cenábamos se nos hizo entrega de los certificados ganados por haber completado los 248 kilómetros de la caminata.

El momento más significativo fue en la tarde/noche cuando, a modo de despedida, fuimos invitados a un local cerca de la playa para disfrutar de aperitivos y música bailable. Compartimos hasta muy noche cuando pasó lo inevitable… Llegó la despedida. Se sabe que las despedidas son tristes, pero esta en particular, además de triste, fue muy dolorosa. Muchos de nosotros recién nos habíamos conocido al iniciar la caminata en enero del 2015, esta celebración se dio a finales de febrero del mismo año. Quizás dos meses parecen no ser suficientes para llegar a conocer a una persona, pero aquella despedida nos afligió a todos, hubo congojas, tristeza y una que otra lágrima. La semilla de la amistad fue sembrada en Maunabo y poco a poco fue germinando hasta llegar a florecer y alcanzar su madurez al final del camino en Mayagüez. Nos consolábamos sabiendo que en el futuro nos encontraríamos en otras caminatas, pero por el momento cada cual tenía que emprender su propio camino. El mío me llevaba a Portugal.

Capítulo II: El Camino Portugués

Cuando decidí hacer el Camino de Santiago de Compostela en la primavera del 2015 no tenía muy claros mis motivos, solo sabía que debía realizarlo.

Después de jubilarme me dediqué a meditar durante algún tiempo, fue gracias a esa introspección que descubrí que mi vida era como un barco a la deriva, sin un norte; no sabía cuál era el rumbo a seguir, necesitaba una respuesta para poder elegir el camino correcto. Pensé que la respuesta se encontraba en el Camino de Santiago de Compostela, así que dirigí mis pasos a Europa para comenzar mi recorrido.

Salí para Madrid, España, al anochecer de un cálido día de mayo. Las ocho horas que duró el viaje fueron tortuosas y monótonas, pues salir de noche y llegar a media mañana del día siguiente no es muy placentero para alguien a quien le cuesta trabajo dormir en los aviones. Después de llegar a Madrid había que viajar en el metro para llegar a la estación de Chamartín, esperé tres largas horas para abordar el tren que me llevaría a Vigo, España. Aproveché las seis horas y media que duró el viaje para descansar un poco. En Vigo esperé aproximadamente media hora para abordar un autobús que en cuarenta y cinco minutos me llevaría a mi destino final en Tui, España, donde comenzaría el camino a Santiago de Compostela.

Llegué muy cansado, pero tenía que localizar el hostal donde me habría de hospedar. Después de caminar por quince minutos con mi mochila al hombro llegué a mi nuevo hogar, como estaba muy cansado no me costó mucho trabajo, después de un baño y una cena liviana, dormir por largas horas. Desperté muy temprano a la mañana del otro día y, como no estaba preparado ni mental ni físicamente para comenzar a caminar después del largo viaje, decidí relajarme conociendo Tui y sus alrededores. Me dirigí a la Catedral de Santa María de Tui para conseguir la credencial del peregrino, la cual, debidamente sellada, me aseguraría alojamiento en los albergues del Camino de Santiago de Compostela una vez completada la hazaña de peregrinación.

Después de desayunar me fui caminado y crucé el *Puente Internacional* que divide a España de Portugal, en Portugal abordé el tren que viaja por la ribera del Rio Minho y llega hasta su desembocadura; el viaje fue muy relajante y pintoresco. Al llegar al final del camino en Caminha, Portugal, bajé del tren para conocer la ciudad y sus alrededores.

Puente Internacional que conecta a Tui, España y Valenca, Portugal

De regreso a Valenca me detuve en la ciudad a conocer sus murallas y disfrutar de su gastronomía, además aproveché para sellar la credencial, de esta manera hacía el camino internacional, conectando a Portugal y España. De nuevo crucé el puente para llegar a Tui y me dediqué a relacionarme un poco con sus lugares de interés.

En la mañana del 13 de mayo del 2015 me levanté temprano para dar ese primer paso que me llevaría a Santiago de

Compostela. Esa primera etapa de Tui a O Porriño, siendo la primera para mí, presentaba un reto; no sabía que esperar y tenía que vivir las experiencias para aprender de ellas.

Saliendo de Tui, apenas comenzando a caminar, tuve mi primer desastre: me distraje y no vi la señal que indicaba la ruta del camino que tenía que seguir, regresé al punto de partida y comencé de nuevo, esta vez por la ruta correcta. Poco a poco me acomodé al camino hasta sentirme a gusto y comencé a disfrutar del paisaje y su entorno. Andaba tan prendado del camino que llegué a O Porriño sin darme cuenta y con eso completé esta primera etapa tan importante. Después de acomodarme en el hospedaje, lavar ropa y cenar, me fui a conocer el pequeño pero pintoresco pueblito.

Después de caminar y disfrutar de un corto recorrido por sus calles decidí parar en un café a tomar un vino, cuando entré descubrí que otros peregrinos de Alemania y Holanda se me habían adelantado, me invitaron a su mesa y compartimos un rato. Poco después de las nueve de la noche decidimos regresar al albergue, como el portón de entrada lo cerraban a las diez no queríamos llegar tarde.

Al día siguiente me levanté antes de que saliera el sol para aprovechar la mañana y llegar temprano a Pontevedra. Alegremente fui disfrutando el camino y sus paisajes espectaculares. Como sabía que la cocina de los restaurantes cerraba de 2 a 8 pm decidí parar en algunos cafés para comer bocadillos y tomar un poco de vino, de esta manera no tendría que esperar hasta las ocho para comer una sola comida pesada; además, quería acostarme temprano para madrugar y comenzar a caminar temprano el próximo día. Sabía que las cafeterías abrían tarde en la mañana y debía desayunar algo antes de salir a caminar, de manera que antes de llegar al albergue compré una napolitana y una botella de jugo de naranja para el desayuno.

Debido a que hice muchas paradas en el camino llegué un poco tarde y cansado al albergue. No hubo tiempo para hacer mucho, después de lavar mi ropa y ducharme me fui directo a la cama.

Esa noche tuve un sueño muy extraño, pero más insólitos fueron los acontecimientos del día siguiente. Soñé que vivía en la época de la edad medieval, en ese entonces se acostumbraba a encerrar las ciudades con una muralla, había solamente una entrada a la ciudad que consistía en un resistente portón, el cual se cerraba al anochecer; la idea era encerrar a los habitantes de la ciudad y protegerlos de los malhechores que, resguardados por la oscuridad de la noche, aprovechaban para asaltar a indefensos transeúntes de los caminos. En el sueño estaba por morir el día y yo compartía con amigos en las afueras del portón. La pesada puerta estaba localizada en el área baja de una pendiente, la cual estaba adoquinada al estilo de la época. Yo me encontraba justamente frente al portón y cuando miré a mi izquierda, hacia la parte alta de la pendiente, me percaté de una linda mujer vestida toda de blanco; bajaba por el medio de la calle y traía ambas manos descansando sobre su pecho. Aunque no guardaba relación con la época, ví que en su mano derecha sostenía un cigarrillo sin encender y en su mano izquierda tenía un encendedor. Bajó la calle lentamente y cuando se acercó al portón donde compartía con mis amigos se paró frente a mí. Aquella esbelta y bella mujer estaba vestida a lo moderno con pantalón y blusa blanca, lo cual no era típico de aquel tiempo, pero supongo que en un sueño cualquier cosa puede suceder. No hablamos, pero tímidamente me ofreció su encendedor, también tímidamente procedí a encender su cigarrillo. Aquel ángel, que parecía había bajado del cielo y no de aquella pendiente, se retiró de mí y del grupo de amigos sin decir una palabra. Sus pasos se hacían cada vez más débiles mientras desaparecía en el crepúsculo de la tarde.

Me levanté temprano en la mañana del día siguiente y, como tenía planificado, después de hacer una parada en el baño y vestirme, procedí a comer mi napolitana y tomar mi jugo. Una vez terminé de desayunar me preparé para comenzar la jornada del día, abrí la puerta del albergue y crucé el patio para abrir el portón, el cual era la única salida de todo el complejo, ya una vez en la calle sentí que anteriormente había estado en aquel sitio; miré a mi alrededor y grande fue mi sorpresa, el lugar tenía un increíble parecido con mi vivienda del sueño de la noche anterior. El portón por donde salí a la calle parecía igual a donde tuvimos la tertulia con mis amigos durante el sueño; la manzana donde se encontraba ubicado el albergue estaba amurallada y había una pendiente adoquinada. Cuando llegué al albergue el día antes estaba muy cansado y mis prioridades eran una ducha y una cama, tal vez por eso no presté mucha importancia al lugar que elegí para pernotar y quizá esto explicaba mi sueño, mi subconsciente grabó aquel entorno donde se encontraba el albergue y más tarde le sirvió de escenario a mi imaginación. Armado de mi bordón, sin dar mayor importancia a lo que sucedía a mis alrededores, comencé a subir la calle adoquinada.

En estos pueblitos pequeños el tránsito de automóviles es mínimo o nulo, la poca gente que camina temprano en la mañana lo hace por el medio de la calle donde "es más seguro", puesto que caminar por la acera expone al transeúnte a un susto de algún perro que cuide celosamente su propiedad. En la rara eventualidad de que un vehículo de motor se avecine, con el silencio de la mañana su motor se deja sentir desde muy lejos, dando así la oportunidad al caminante de ponerse a salvo.

Como quería transitar en silencio, sin los ladridos de un perro, decidí seguir la norma no escrita y caminar por el medio de la calle. Cabizbajo comencé a subir mientras mi bordón marcaba cada paso que daba, formando así la única música de aquella fría mañana. Después de haber caminado por unos minutos me pareció escuchar pasos bajando desde la cima de la pendiente, levanté la vista para enfocar y asegurarme que aquellos pasos no eran producto de mi imaginación. Cuando alcancé a ver la figura que producía el sonido me quedé paralizado, bajando, vestida de pantalones y blusa blanca, con las manos entrelazadas en su pecho, venía la mujer del sueño de la noche anterior, aquella esbelta y bella mujer se presentó igual que lo hizo en mi mente, con la excepción del encendedor y el cigarrillo. Aunque yo quedé estático en medio de la calle donde me había parado, ella continuó bajando sin alterar su rumbo. Al estar a solo pasos de mí, tropezó con un adoquín que sobresalía y vino a parar a mis brazos, por suerte, instintivamente salí por unos segundos del estado estático en que me encontraba y logré parar la caída. Cuando pudo recuperar su balance la solté y siguió caminando cuesta abajo sin mediar palabra. Aunque quise decir algo, permanecí mudo, ningún sonido salió de mi garganta; me quedé inmóvil sin atreverme mirar atrás. Poco a poco, el sonido de sus pasos se fue haciendo más débil hasta desaparecer por completo. Cuando dejé de escuchar su caminata fue que me atreví a moverme de donde me encontraba inerte. El sonido del silencio que dejó aquella mujer cuando desapareció camino abajo causaba pavor, traté de caminar lo más rápido que pude para llegar al bosque y sentir el cantar de pájaros, agua cayendo y el eco del viento golpear las copas de los árboles. Necesitaba ruidos que distrajeran mi mente.

Camino a Caldas de Reis mi único pensamiento fue el sueño de la noche anterior y la aparición de aquel extraño personaje en la mañana. En el trayecto me detuve en varios cafés y compartí con algunos peregrinos, pero no me atreví a relatar mi historia a ninguno de ellos.

La etapa a Caldas de Reis transcurrió sin mayor acontecimiento, llegado ya a mi destino, después de lavar ropa y ducharme, salí a conocer un poco los alrededores y a despejar mi mente, regresé al albergue temprano con dos botellas de vino, era mi contribución a una cena comunal que organizaron algunos peregrinos. En esa ocasión le tocaba cocinar a Marina y, por supuesto, la comida era italiana. La cena estuvo deliciosa y la peregrina recibió muchos vítores por su excelencia culinaria; pero, como suele pasar en estas cenas, la sobremesa estuvo aún mejor. Fuimos ocho los comensales, y veníamos de tres diferentes países, los temas para discutirse se tornaron alrededor del país de procedencia de cada peregrino. Yo me sentí muy a gusto, y cuando tuve la oportunidad relaté mi sueño y la aparición de la bella mujer en la mañana. Aunque hubo una que otra "explicación" del significado de mi sueño nunca pude entender su alcance.

Otra anécdota que me pareció interesante fue la de Jurriaan, un holandés residente de Alemania. Nos contó que creyó ver un lobo en el bosque cerca de un recodo donde paró para almorzar, más tarde el hospitalero nos contó que, aunque escasos, la región estaba habitada por uno que otro lobo, sin embargo, a estos no les agradaban la presencia de humanos y no se solían dejar ver, pero pensar que podía encontrarme con algún animal salvaje en el bosque iba a ser la etapa a Padrón un poco incomoda. Esa noche no dormí muy bien pensando en la historia del lobo; además, la sinfonía de ronquidos que uno acostumbra a escuchar en estos lugares se agudizo más que nunca esa noche.

En la mañana, como de costumbre, me levanté temprano para comenzar la faena con los primeros rayos del sol, por suerte, cerca al albergue había un café y decidí desayunar ahí. En ese café conocí dos nuevos amigos: Monika, quien era oriunda de Alemania, y Janni, nacido en Holanda, pero residente en Alemania. Ambos caminaron conmigo por las próximas dos etapas hasta llegar a Santiago de Compostela. Con la compañía de Monika y Janni la idea de encontrar un lobo en el camino desapareció.

Aunque estas dos últimas etapas, Caldas de Reis-Padrón-Santiago de Compostela, físicamente no presentaban gran reto, psicológicamente fueron las más difíciles. Sabíamos que ya estábamos próximos a llegar a Santiago de Compostela y tuvimos que enfrentar muchas emociones; por un lado, ansiábamos llegar y alcanzar nuestra meta; por otro lado, no queríamos que el Camino terminara. Después de vivir todo tipo de experiencias en el Camino nos volvemos adictos a este y es difícil dejarlo. Las emociones en esta etapa son encontradas, nos dan deseos de llorar, reír, bailar, brincar, saltar, abrazar, estar alegre, estar triste, ansiosos, entusiasmados, impacientes… Y todo a la misma vez.

Nuestra amistad nació en Caldas de Reis y germinó hasta florecer en muy poco tiempo, aunque no habíamos sido aliados desde hacía mucho tiempo al llegar a Santiago de Compostela parecía que habíamos sido amigos de toda la vida y nuestra amistad perdurará el resto de nuestras vidas.

Las emociones al acercarnos a Santiago de Compostela eran evidentes, con mucho esfuerzo tratamos de disiparlas, pero fue en vano; como agua en un cubo roto las emociones no paraban de salir.

La entrada a la ciudad fue solemne, ninguno se atrevió a hablar, pues no queríamos compartir con nadie aquella tristeza y, al mismo tiempo, alegría. Por fin llegamos a la catedral, bajamos para llegar a la plaza de Obradoiro y, sin ninguna timidez, nos abrazamos y dejamos que los sentimientos afloraran. ¿Cuánto tiempo estuvimos ahí? No lo sé, muy poco o tal vez una eternidad. Cuando hubimos liberado muchas de las emociones nos dirigimos a la Oficina del Peregrino a recoger la Compostela; después acordamos ir al albergue a ducharnos y regresar a cenar cerca de la catedral para celebrar nuestro triunfo. Al reunirnos después de la ducha estábamos menos eufóricos y más relajados. Celebramos hasta muy tarde en la noche. A menudo nos encontrábamos con peregrinos que nos acompañaron en algunas de las etapas y era motivo de algarabía, jubilo y celebración. Cuando nos despedimos acordamos reunirnos al otro día para ir a la Misa del Peregrino. Después de misa fuimos a cenar y compartimos hasta el oscurecer. Janni regresaba a Alemania y Monika continuaba en el camino hacia Finisterre. Yo regresaba a casa.

Camino a mi islita tuve mucho tiempo para digerir y tratar de entender aquel torbellino que había arropado mi vida durante las tres semanas que duro esa primera aventura. Dicen los expertos sabiondos del Camino que una vez haces el Camino ya no vuelves a ser el mismo que eras. Aunque pienso que hay algo de verdad en esto, yo no podría asegurarlo, pero lo que puedo afirmar es que el Camino te atrapa, tal vez por eso, antes de tocar suelo boricua, ya estaba haciendo planes para mi próximo camino. Ahora era muy tarde para zafarme de la trampa, El Camino, como la telaraña que enreda y atrapa a su presa, me envolvió en su mágico encanto para hacerme su esclavo por siempre. Llegué a mi tierra con alguna experiencia y un cúmulo de ideas de cómo sería mi próximo camino. No había pisado suelo boricua aun y ya estaba pensando en mi próxima nueva aventura.

Capítulo III:
El Camino Francés-Las Montañas

No es necesario ser un adivino, clarividente o experto en temas futurísticos para saber que tarde o temprano terminaría de nuevo rumbo a Santiago de Compostela. Un año más tarde me encontré otra vez haciendo el Camino. Ahora la ruta a Santiago era diferente y el trayecto sería mucho más riguroso. El Camino Francés comienza en Saint Jean Pied-de-Port, Francia, y culmina en Santiago de Compostela. Al terminar el recorrido habría caminado alrededor de 900 kilómetros; sin embargo, yo me proponía continuar hasta la Costa de la Muerte, al noroeste de la península ibérica. Según mis cálculos, me tomaría poco más de un mes desde Francia, para llegar a Santiago de Compostela y otros cuatro días para arribar al pueblo de Finisterre, en la Costa de La Muerte.

De todos los caminos de Santiago de Compostela el Camino Francés es el más popular y uno de los más pintoresco. Fuera de España el Camino ha sido promocionado por varios medios: en Corea del Sur traducciones de libros de Paulo Coelho que hablan del Camino y el libro de Kim Hyosun, *Camino de Santiago de Compostela,* han dado mucha publicidad al Camino; Silverio Pérez, con sus excursioncs y programas de televisión sobre el Camino, ha hecho lo propio en Puerto Rico; en los Estados Unidos de América la mayor promoción del Camino fue el éxito que tuvo la película *The Way*, protagonizada por Martin Sheen y Emilio Estévez; en muchos otros países el libro *El Peregrino* de Paulo Coelho, traducido a varios idiomas, ha promocionado significativamente el Camino de Santiago de Compostela.

La mayoría de las personas no hacen todo el recorrido del Camino Francés desde Francia, muchos comienzan en Sarria, España, hasta llegar a su meta en Santiago de Compostela, este recorrido se puede hacer en unos cinco o seis días; sin embargo, al final del Camino se habrá completado el mínimo de 100 kilómetros, que son un requisito para que se les otorgue la Compostela. Yo me había preparado para algo diferente.

Salí el 17 de abril para Madrid y, de nuevo, el viaje nocturno fue extenuante, pero esto era solo el principio de mi recorrido. Después de recoger mi mochila, en el aeropuerto Barajas, caminé hasta el metro que me llevaría a la estación de Chamartín en Madrid; luego de esperar unas dos horas abordé el tren rumbo a Pamplona; el recorrido de Madrid a Pamplona me tomo unas cinco horas; al llegar a Pamplona era ya muy tarde para abordar un autobús que me llevaría a Saint Jean Pied-de-Port, de manera que opté por la opción dos. En la estación de trenes de Pamplona los peregrinos que llegan en tren y van en dirección a Roncesvalles y Saint Jean Pied-de-Port suelen dividirse los gastos del viaje cuando viajan en taxi, de esta manera la cuota de un taxi, de sesenta o setenta euros, podría costar al peregrino unos veinte euros, cuando se dividen los gastos entre tres o cuatro pasajeros; pero ese día en la estación del tren solo habíamos un peregrino andaluz, que llegaba a Roncesvalles y yo, que iba a Francia. Cuando nos dividimos los gastos entre solamente dos peregrinos terminé pagando treinta y cinco euros.

La ruta de Pamplona a Roncesvalles y después a Saint Jen Pied-de-Port era muy pintoresca. Hicimos la parada reglamentaria para dejar al pasajero andaluz, en Roncesvalles, y luego proseguimos por la ruta que cruza los Pirineos hasta mi destino final. Sabía que para hacer el Camino desde Francia hasta Santiago de Compostela tenía que atravesar los Pirineos caminando y me preguntaba que tan difícil sería; ya tendría tiempo para averiguarlo, por ahora lo más importante era llegar a mi destino para descansar un poco del largo viaje.

Después de que el taxi bajara de los Pirineos, nos encontramos en mi destino final a las puertas de un hotel que había reservado. Saint Jean Pied-de-Port es un pueblito espectacularmente bello situado en la falda de los Pirineos y con unas vistas hermosas. Como me dijo un amigo más tarde "parece una postal".

Saint Jean Pied-de-Port

Después de registrarme y comer un bocadillo me fui directo a la cama. Esa noche dormí mucho y me levanté tarde, pero no había prisa, quería quedarme un día más en tan bello pueblo. El albergue lo abrían después del mediodía, así que decidí andar y explorar el pueblecito, este era pequeño y no tardé mucho en recorrerlo. Después de cenar me fui al hospedaje para registrarme e irme a descansar.

Este primer tramo desde Saint Jean-Pied-Port hasta Roncesvalles era muy largo, 27 kilómetros, y había que cruzar los Pirineos; lo más sensato era irse a descansar temprano para estar listo al día siguiente.

Esa noche en el hospedaje conocí a Jaime, un mexicano que había hecho el Camino Frances anteriormente en cinco ocasiones, me pareció un buen recurso para comenzar esta primera etapa, especialmente porque el clima en los Pirineos es sumamente cambiante y se puede esperar cualquier cosa en este sector.

Aunque al día siguiente me levanté temprano y muy entusiasmado para iniciar esta primera jornada, tuve que esperar por Jaime para salir juntos a esta inaugural aventura, él no tenía prisa y se movía en ritmo metódico y lento. Por fin, siendo los últimos en salir del albergue, nos echamos a caminar, comenzamos a subir para cruzar Los Pirineos desde Francia hasta España. Alrededor de las diez y media de la mañana llegamos a Orisson, donde hicimos nuestra primera parada. Después de compartir con otros peregrinos por un buen rato continuamos la subida de la montaña hasta llegar a la cima. A pesar de que todavía quedaba algo de nieve en varios puntos de la montaña, la subida no me pareció un gran reto; tal vez me había preparado demasiado, pero esto apenas comenzaba.

La temperatura de unos 21 grados Celsius, acompañada de un radiante sol, estaba muy agradable. Decidimos tomar un descanso y nos despojamos de las mochilas, ropa pesada y de las botas para tirarnos a la yerba fresca, después de descansar y comer unos bocadillos, decidimos continuar la marcha porque, a juicio de Jaime, iba a lloviznar; en efecto, después de haber caminado unos quince minutos comenzó a lloviznar; más tarde empezó la lluvia fuerte y el viento frío; para colmo, finalmente, llego la granizada. El temporal fue tan fuerte que no veíamos el camino y apenas podíamos dar un paso. La bajada para llegar a Roncesvalles se tornó sumamente peligrosa, los chubasqueros que teníamos, por el viento tan fuerte y la lluvia, no sirvieron de mucho. Cuando llegamos al Monasterio de Roncesvalles estábamos empapados y tiritando de frío. Cruzar los Pirineos fue toda una aventura.

Pasamos la noche en Roncesvalles y al día siguiente llegamos a Zubiri; esta etapa fue muy pintoresca y tranquila. Después de Zubiri, continuamos el camino al día siguiente para llegar a Pamplona, allí visitamos varios monumentos, la estatua de Hemingway, el área de encierro y la plaza de toros, entre otras cosas; también aprovechamos para saborear el vino de Navarra y su excelente gastronomía.

Alto del Perdón (la Loma de Los Vientos)

El 23 de abril ya estábamos en Puente de la Reina y salíamos temprano para Estella, a pesar de subir a el Alto del Perdón (la Loma de los Vientos) la etapa estuvo llevadera y la temperatura se mantuvo muy agradable.

Por el camino encontramos varios peregrinos con los cuales ya habíamos compartido en otras partes de la ruta, entre ellos tengo que destacar a Juan, oriundo de Bilbao, con quien compartí varias etapas del Camino más adelante. Juan y yo también caminamos varios trayectos en el Camino del Norte dos años más tarde. De más está decirles que las amistades que se cultivan en el Camino son para toda la vida.

La próxima jornada nos llevaría a Sansol, esta etapa es sumamente interesante. Hubo una subida de mucho desnivel, lo otro fueron subidas y bajadas sin mayores molestias. Fue en esta fase que tuvimos que hacer una parada donde paran todos los peregrinos... *Santa María la Real de Irache.* En una de las paredes del camino, en esta etapa, se encuentra una fuente de vino para que el peregrino disfrute del rico morapio, cortesía de Bodegas Irache.

La llegada a Sansol fue muy refrescante, el albergue era privado y lo administraban dos jóvenes muy atentos; en las afueras del albergue tenían una pileta con agua donde podíamos quitarnos las botas para meter los pies y refrescarlos... Una delicia. Allí celebramos en grande. Uno de los hospitaleros vivió en la República Dominicana por varios años y le gustaba la salsa, esa noche bebimos y bailamos hasta temprano en la mañana.

Al otro día salíamos para Logroño, en la etapa de ese día nos encontramos con una subida de ocho kilómetros, pero el resto del camino fue muy tolerable; también en este tramo salimos de la región de Navarra, atrás quedaba su rico vino. Afortunadamente entrábamos en La Rioja, fue difícil cruzar la zona con la variedad de exquisitos vinos que ofrecía.

En Logroño conocí a el famoso peregrino de nombre Marcelino, quien escribió en mi diario: *Los locos recorren los caminos que después siguen los sabios.* Además, aquí, encontramos máquinas para lavar y secar la ropa y aprovechamos para restregar algunos trapos sucios. Después de ducharnos fuimos a conocer los alrededores y compartir con otros peregrinos.

De Logroño salimos, a la mañana siguiente, para Nájera. El día estaba bonito y el paisaje espectacular. El camino no presentaba mayores retos y recorrimos treinta kilómetros para llegar a Nájera. El hacer buen tiempo caminando no estaba en la agenda, pero Jaime me sorprendió ese día al moverse un poco más rápido que de costumbre, tal vez fueron los tragos de la noche anterior que le sirvieron de combustible. En realidad, avanzar para tratar de llegar al albergue antes que los demás no era importante, lo más importante era disfrutar el Camino... Meditar, conocer nuevos amigos, compartir con los viejos y degustar exquisito vino de La Rioja. Sin embargo, cuando se presentaba la ocasión, si algo ameritaba cambiar el paso lo hacíamos sin ningún problema.

De Nájera a Santo Domingo de la Calzada la etapa fue relativamente fácil y un poco aburrida. Dicen los sabiondos del Camino que el Camino de Santiago de Compostela consiste en tres fases: la primera de estas es la del dolor y sufrimiento, el cuerpo aún no está acostumbrado a recibir el castigo al que lo exponemos y pronto se empieza a revelar, esta fase dura alrededor de tres o cuatro etapas del Camino y es aquí cuando aparecen las ampollas, tendonitis, dolores en las piernas, caderas, cintura y hasta en partes del cuerpo que ni sabíamos que existían; en la segunda fase los dolores empiezan a desaparecer o nos acostumbramos a vivir con ellos, esta fase es denominada la fase del aburrimiento porque aquí es cuando nuestro cuerpo, ya acostumbrado a caminar, es liberado por la mente para que tome su curso, entonces el cansancio y el aburrimiento se apoderan de nosotros. En esta fase la mente es libre y permite que pensamientos vayan y vengan motu proprio. Durante este tiempo, aunque la mente esta desorientada, entran y salen reflexiones de todo tipo, planes, ideas, razonamientos, etcétera. Distinguir la realidad de la fantasía se hace difícil, este es el momento para meditar y empezar a conocernos; la tercera fase del camino es la parte psicológica, normalmente esta fase comienza una o dos etapas antes de llegar a Santiago, sabiendo que estamos cerca de nuestra meta y vamos a lograr nuestro objetivo de llegar a la Catedral, somos invadidos por toda clase de emociones: tristeza, alegría, llanto, placer, miedo, felicidad entre otras. Todas al mismo tiempo.

El aburrimiento se apoderó de mí en esta etapa de Nájera a Santo Domingo de la calzada, aquí tuve mucho tiempo para meditar, llorar, reír y gritar. Aunque la única persona cerca de mí era Jaime, me pareció escuchar voces de otras personas, cosas que pasan en esta fase del camino.

Los 23 kilómetros desde Santo Domingo de La Calzada hasta el albergue de Belorado fueron sumamente interesantes, salí con un frío invernal, pero poco a poco el día fue mejorando y al final hacía un día de verano. Así eran los días, invierno en la mañana y primavera en la tarde. Con clima indeciso, a paso lento pero seguro, ya había logrado hacer 235.9 kilómetros desde que salí de Francia.

El 30 de abril salí temprano en la mañana con Jaime y una amiga alemana que se había unido a nosotros, el camino a Trinidad de Agés, con sus variantes de subidas y bajadas, era un reto. Aunque mi amigo no estaba muy bien de salud subíamos y bajábamos las pendientes con mucha energía. Después de 22 kilómetros de caminar, Jaime y nuestra amiga alemana decidieron buscar albergue y no continuar la etapa hasta Burgos, allí nos despedimos y acordamos encontrarnos más adelante para continuar el Camino Juntos, sin embargo, esa fue la última vez que vi a Jaime, más tarde me enteré de que mi amigo peregrino estaba a punto de pulmonía y se vio obligado a regresar a México.

Yo continúe el Camino solo, por bosques espesos y oscuros, en esta parte del Camino no encontré muchos peregrinos, la mayoría de los que encontré estaban en los cafés y uno que otro cruzando el bosque. En la tarde, casi llegando a Burgos, me sorprendió un aguacero que me obligó a buscar refugio en un café. Después de amainar la lluvia me fui caminando hasta la impresionante Catedral de Burgos, allí tuve la oportunidad de visitar la tumba de Rodrigo Díaz de Vivar, mejor conocido como el Cid Campeador. Más tarde fui a cenar a un restaurante cerca de la iglesia y luego llegué a descansar al albergue.

Capítulo IV: El Camino Francés-La Meseta

Al otro día, primero de mayo, con los primeros rayos del sol, comencé el trayecto hacia mi próximo destino. Por la mañana, en el camino desde Burgos a Hontanas, comenzó a lloviznar y aproveché para disfrutar aquel primer chubasco del mes de mayo. Aunque el Camino estuvo difícil por el lodo y lo resbaloso que se tornó, no tuve mayor inconveniente y llegué a mi destino sin mayor dificultad. Después de lo acostumbrado; lavar ropa, cenar y conocer el vecindario; me fui a la cama temprano. Mi próxima caminata, desde Hontanas a Boadilla del Camino, era una jornada de 28 kilómetros, pero como me dijo Juan, a quien encontré en el camino mientras comía un pan y tomaba vino: "coño, con pan, queso y vino se hace el Camino".

Llegué a Boadilla del Camino algo tarde y se me hizo difícil conseguir hospedaje, pero al final valió la pena porque me alojé en un albergue privado que estaba de maravilla. En la noche salí a cenar y se unió a mi mesa un peregrino de nombre André, quien era oriundo de Suecia; la cena estuvo deliciosa, con mucho vino y agradable conversación.

A la mañana siguiente me dispuse a salir rumbo a Carrión de los Condes, en el café me topé con André, quien estaba casi listo a emprender el Camino, decidió esperar que yo tomara un café y un panecillo para comenzar la etapa juntos. Nos esperaban 28 kilómetros de jornada y el recorrido era más llevadero con un nuevo amigo. Más tarde Juan se unió a nosotros y formamos el trio perfecto, caminamos varios kilómetros juntos cambiando de impresiones y aprendimos mucho el uno del otro. De los tres Juan era el más organizado y prefería reservar en los albergues el día antes de salir; André, en cambio, tenía la misión de degustar todos los coñacs de España y a mí me gustaba acompañarlo en su tarea. Juan era amante de la gastronomía de la región y el vino procedente de la Rioja (aunque no rechazaba los otros). Creo que de los tres yo fui el más afortunado, porque aprendí mucho de sus conocimientos y lo que ellos aportaban en las conversaciones.

Durante las etapas de los Condes de los Templarios y El Burgo Ranero, la amistad fue madurando mientras bromeábamos y, una que otra vez, discutíamos algún tema serio, como la política o economía del país de procedencia de cada cual. Aquella fue una amistad que nació y creció en la Meseta.

La interminable Meseta

La Meseta en el Camino Francés es la parte larga y plana que tiene sus comienzos en Burgos y termina en Astorga. Esta parte del trayecto es de casi cero desniveles y tiene poca o ninguna sombra; la falta de árboles es evidente en esta parte del Camino. En los días soleados el calor es insoportable, mientras que en los días lluviosos el fango y la lluvia hacen que cruzar la Meseta sea un verdadero reto. Recorrer esta parte del Camino toma al peregrino promedio alrededor de una semana y, aunque la Meseta no presenta ningún reto de desnivel, es sumamente aburrida, por eso muchos peregrinos prefieren tomar un autobús de Burgos a León y así evitar esta semana de tedioso aburrimiento.

Yo, sin embargo, disfruté mucho la Meseta, porque fue la parte del Camino que me acercó más a mis amigos Juan y André. Solíamos pasar muchas horas discutiendo varios temas de actualidad y aprendiendo las lecciones del Camino, que, añadidas a las de otros peregrinos, enriquecían nuestros conocimientos y enseñanzas de esta aventura.

La Meseta también ofrecía la oportunidad de meditar y de que, en ciertas ocasiones, brotaran algunos de nuestros sentimientos íntimos. Casi siempre en la mañana era la hora para discutir los asuntos del día o algún tema nuevo que se traía para ser analizado y discutido. En algunas etapas se nos unían otros peregrinos y los temas eran más variados, haciendo que las conversaciones fueran más diversas e interesantes. Compartíamos mucho con otros peregrinos en la ruta a seguir, en cafés o en los albergues, pero Juan, Andre y yo siempre nos mantuvimos juntos en el Camino y en hospedajes donde pernoctábamos al final de la jornada.

Casi siempre en la tarde guardábamos silencio mientras cruzábamos la Meseta, este era el momento de meditar y digerir lo que estaba pasando por nuestras mentes y cuerpos. Encontrarme a mí mismo era importante para entenderme, conectarme y conocerme; la reflexión y aquellos pensamientos fugaces facilitaban estas cosas; además, a través de la meditación podíamos asimilar y entender las experiencias del Camino.

La Meseta era un obstáculo para aquellos peregrinos que preferían viajar en autobús y así evitarla, pero para mí era un reto que me ofrecía la oportunidad de, por lo menos en mi mente, ver puertas que se abrían.

Juan ya había hecho las reservaciones cuando llegamos a Terradillos de Los Templarios, el cuatro de mayo. Después de lavar ropa y ducharnos, salimos a tomar unas cervezas y cenar, las cervezas eran el premio por haber rematado aquella interminable etapa, la cual carecía de sombras y árboles; más que una etapa recorrida la jornada fue toda una conquista. Después de cenar nos fuimos a recorrer la vecindad y terminamos nuestro paseo con la visita al monasterio benedictino de San Zoilo, del siglo X. El próximo día nuestro trayecto nos llevaría a el Burgo Ranero, para alcanzar nuestra meta teníamos que caminar unos treinta kilómetros.

En la mañana temprano, cuando nos disponíamos a comenzar la jornada, había una temperatura agradable de 16 grados Celsius, esto iba a cambiar muy pronto en la interminable etapa para llegar a nuestra meta. Antes del mediodía la temperatura había alcanzado los 27 grados Celsius. La etapa se hizo llevadera por campos verdes sembrados de trigo, gente amable del camino, buen vino, cervezas frías, buena comida y pequeños pueblos de los siglos VII-XV, en fin, que entre tapa y vino se hacía el Camino.

A el Burgo Ranero llegamos exhaustos y un poco tarde, después de terminar los menesteres del fin de la jornada; registrarnos en el albergue, lavar ropa y tomar una ducha; como habíamos pasado la tarde tapeando, decidimos pasar por alto la cena e ir directo a la cama.

La etapa de mayo 6, desde el Burgo Ranero a León, era una larga jornada de 37 kilómetros, la distancia por si sola presentaba un reto significativo y, añadido a esto, ese día comenzó a llover copiosamente, por lo que el camino se tornó casi imposible. La cantidad de lluvia y lodo hacía difícil que avanzaramos y teníamos que andar más lento que de costumbre. A veces el lodo nos llegaba a los tobillos y, después de aventurarnos a caminar por un lado de la vía, teníamos que regresar atrás unos cuantos metros para comenzar de nuevo. Este fue uno de esos días en los que el peregrino común se cuestiona porque se somete a semejante castigo. Yo miraba aquella pista de lodo y pensaba mucho en estar tirado bajo el sol en una playa de mi islita, pero nadie nos había obligado a meternos en semejante mar de fango. A como diera lugar teníamos que salir de allí.

Si servía de algún aliciente, éramos muchos los varados en aquel atasco, a cada lado que volteábamos mirábamos peregrinos tratando de llegar a un sitio donde no hubiera lodo, pero eso era imposible, porque los charcos y el lodo cubrían todo el trayecto. Nos costó mucho esfuerzo salir de aquel lugar, casi tuvimos que nadar para hacerlo. Al final, de alguna manera, y siguiéndole los pasos a la columna de peregrinos delante de nosotros, pudimos llegar a una parte del camino donde el lodo era menos profundo.

Llegamos a León al anochecer, empapados y envarados en lodo. A pesar de haber arribado muy tarde al albergue, no podíamos pasar por alto las tareas del fin de la jornada, había que lavar, ducharse y cenar. En esta ocasión teníamos una tarea nueva y muy importante, tuvimos que rellenar las botas por dentro con papel de periódico para que este absorbicra la humedad y que en la mañana no estuvieran mojadas, de tal manera que pudiéramos usarlas. El papel de periódico hizo su trabajo y en la mañana las botas estaban como nuevas, listas para usarse de nuevo.

Después de las faenas del fin de la etapa, Juan y André decidieron retar la lluvia para ir a cenar fuera del albergue, yo decidí no aventurarme a salir y preferí irme a la cama sin una cena completa, por suerte en el albergue habían máquinas que tenían comestibles, allí encontré galletitas, chocolate y jugos, solo tenía 3 euros en monedas, pero me alcanzo para algunas galletas y un jugo. Después de esta 'suculenta' cena, la cama me parecía un premio a los esfuerzos del día. Una de las cosas que apreciamos los peregrinos son los lujos que nos aparecen en el camino, una buena cama es una de esas riquezas.

En la mañana, saliendo de León a San Martin del Camino, la lluvia había mermado, pero todavía lloviznaba. Tuvimos que batallar con las inclemencias del tiempo: carreteras mojada, tráfico de autos, ruidos y transeúntes con mucha prisa que parecían molestos con la Madre Naturaleza. Los ríos estaban crecidos y, por el flujo de agua que bajaba de ellos, se podía adivinar que el temporal había sido uno muy serio. Nos tomó unos cuarenta y cinco minutos salir de aquella jungla urbana y encontrar refugio en la tranquilidad del campo.

El tiempo fue mejorando en la ruta a San Martin del Camino, hasta algunos rayos de sol lograron colarse entre la multitud de nubes para servirnos de compañía por gran parte del camino. Los 25 kilómetros que comprendían la ruta de León a San Martin del Camino transcurrieron sin mayor novedad, la mayor distracción era cuando caminábamos cerca de la carretera N 120 que cruza de Vigo a Logroño, pues los ruidos de vehículos que transitaban por esta vía nacional nos recordaban que no estábamos solos en aquellos hermosos parajes.

Pasada las dos de la tarde llegamos a San Martín del Camino y, en lugar de ir directo al albergue, paramos en un café a tomar unas cervezas, allí encontramos otros amigos peregrinos con quienes celebramos por largo rato. Había motivo de celebración, ya el sol brillaba en el horizonte y a cada paso nos acercábamos más a Santiago de Compostela, solo faltaban alrededor de 300 kilómetros, con salud y suerte, en dos semanas más estaríamos llegando a nuestra meta.

En la mañana salimos temprano de San Martin del Camino a Astorga, por fin un bonito día para caminar los 24 kilómetros que había hasta llegar a la meta. Luego de un suculento desayuno salimos en dirección a nuestro destino, el ánimo era festivo entre los tres y, casi sin darnos cuenta, llegamos a Órbigo, aquí el panorama cambiaba, nos alejábamos del ruido de la carretera y entrábamos al bosque. Con la tranquilidad del bosque también llegaban las cuestas *rompepiernas*. Casi terminaba La Meseta y comenzaba el carrusel de la cordillera. Sabía que iba a extrañar los llanos, pero el cambio de panorama que nos ofrecía nuestra llegada a Astorga, aunque fuera un desafío, era la oportunidad de descansar nuestras mentes y poner a trabajar las piernas. Durante la semana que estuve caminando por la Meseta me acostumbré mucho a ella, casi me olvidaba como subir y bajar cuestas, ahora tocaba desprogramarme del casi cero desnivel y reprogramarme para el serrucho que quedaba rumbo a Santiago de Compostela.

Cuando llegamos a Astorga nos hospedamos en el albergue Siervas de María, el convento era muy amplio, limpio y cómodo, pero el mejor lujo era que no existían literas para dormir, habían camas, lo cual quería decir que no teníamos que mostrar identificación de longevo para reclamar dormir en los bajos.

Después de registrarnos, lavar ropa y ducharnos, salimos a la calle, porque había mucho que hacer y ver. Después de cenar fuimos a conocer la ciudad, la cual tiene mucho que ofrecer al viajero. Llegar a Astorga para mí fue como llegar al paraíso. Se puede comprar chocolates casi en cualquier esquina de muy buena calidad, en mi opinión, son tan buenos como los que se podrían encontrar en Suiza o en Bélgica. Juan y André tuvieron que sacrificarse, mientras yo corría de esquina a esquina degustando la variedad de chocolates que ofrece esta bella ciudad.

Recorrimos gran parte de la localidad y terminamos con una visita al Palacio Episcopal de Astorga. De regreso al albergue nos encontramos con una joven que lloraba sin parar, fue difícil entenderla porque el llanto no la dejaba hablar con claridad, cuando se pudo calmar nos dijo que era una peregrina proveniente de Alemania, hacía apenas unas horas había llegado a Astorga, y no sabía qué hacer o a donde ir, la calmamos un poco y le dijimos que en el albergue donde nos hospedábamos había lugar para ella. Nos acompañó al convento y allí fue recibida por una monjita, quien la atendió muy bien, haciéndola sentir como en su casa. Después de instalarse y ducharse, compartimos un rato con la nueva amiga y nos dijo que se llamaba Anne Topfer. Como empezaba el Camino en Astorga y el próximo día seria su primera etapa le hablamos un poco de nuestras experiencias en el Camino, se sintió muy cómoda con nuestra compañía y nos preguntó que si le permitíamos caminar con nosotros. Por supuesto que la aceptamos, nos sentimos alagados y creímos que necesitaría un poco de experiencia en lo que se acostumbraba a caminar sola. Aquí nació el cuarteto de peregrinos que duró por algunas etapas.

Primera foto de izquierda a derecha: André Holm (Suecia) Juan F. Martínez (Bilbao) Anne Topfer (Alemania) y Vicente Cabán (Puerto Rico).

Capítulo V: El Camino Francés - Más Montañas

Anne se inauguró en la etapa de Astorga a Foncebadón, eran 26 kilómetros de camino y, por la fragilidad del equipo, comenzamos lentos y con mucha precaución. No queríamos que la nueva miembro del grupo comenzara con una mala experiencia, así que la protegimos mucho y nos aseguramos de que disfrutara el Camino. Durante la travesía nos turnábamos para darle conversación en todo momento y hacerla sentir segura. André nunca fue un gran caminador y a menudo se quedaba rezagado. Los dos viejitos, el de Bilbao y el puertorriqueño, por el contrario, creían tener alas. Anne, mucho más joven y atleta, casi siempre nos hacía compañía y, cuando ameritaba un descanso, teníamos que esperar la llegada de André.

En esta primera etapa, la principiante peregrina tuvo que ascender de 280 metros a 1430, nos sorprendió la facilidad con la que lo hizo. Así fue como inauguramos a la alemana en su primera experiencia con el Camino, la cual parecía disfrutar mucho. La niña, aquella insegura que encontramos en una calle de Astorga, poco a poco iba desapareciendo para dar paso a una nueva peregrina segura de sí misma.

En esta etapa, de Astorga a Foncebadón, los cuatro éramos principiantes, Anne porque comenzó en Astorga y nosotros porque, aunque comenzamos en Saint Jean Pied-de-Port, la meseta nos acostumbró a no forzarnos en las subidas y bajadas, esto nos desprogramó y nos hizo ser más vagos en los caminos con estas características; en lo que nos reprogramábamos, estábamos casi al mismo nivel de Anne, aunque, claro, ella con su juventud nos superaba.

Cada cual hace el Camino a su manera de acuerdo a su condición física, lo importante es el disfrute y la hermandad del Camino. A nosotros nos unía la amistad y la admiración que teníamos por el paisaje.

A paso lento, pero seguro, y haciendo las paradas necesarias en el bosque y cafés, poco a poco nos acercábamos a la meta. Disfrutábamos mucho la compañía de los amigos peregrinos con los cuales nos topábamos en el camino. En la ruta nos desviamos para ir a conocer el Castrillo de Polvazare y tomar algunas fotos, resultó que un grupo se nos había adelantado y estaban fotografiándose en el lugar, para sorpresa de nuestra amiga, era un grupo de jóvenes procedentes de Alemania de más está decir que ella se sintió como en su casa y allí comenzó a cultivar, después de nosotros, a sus primeros amigos en el Camino de Santiago de Compostela.

La ruta a Foncebadón fue divertida y de mucho aprendizaje; durante toda la vía conocimos nuevos amigos o nos encontramos algunos a quienes ya conocíamos y no habíamos visto en algunos días. Los nuevos comenzaban el Camino mayormente en Burgos, León, o en Astorga; los viejos amigos venían de Saint Jean Pied-de Port, Roncesvalles, o de Pamplona. Cada encuentro era momento de celebración y júbilo, así fue como, de celebración en celebración, casi sin darnos cuenta de lo ardua que era la ruta, llegamos a Foncebadón. Cuando llegamos al albergue; después de registrarnos, sellar las credenciales, lavar ropa y ducharnos; salimos a cenar para regresar temprano a descansar. El próximo día teníamos que recorrer unos 28 kilómetros de subidas pecaminosas y en el trayecto se encontraba la estrella de esta etapa... La Cruz de Ferro.

El albergue en Foncebadón no era un hotel de cinco estrellas, pero teníamos que dormir bien y estar descansados para la odisea del próximo día. Las literas del albergue no eran camas lujosas, pero si eran muy cómodas para un peregrino cansado.

En la mañana temprano, después del desayuno, salimos rumbo a Ponferrada; esa memorable mañana del mes de mayo amaneció más frío que de costumbre, además, el cielo estaba nublado y había amenaza de lluvia. Continuamos con mucho ánimo y determinación la subida que habíamos dejado el día antes. Después de unos quince minutos de camino comenzó a lloviznar, por lo que decidimos parar a cubrir las mochilas con bolsas para la lluvia y ponernos nuestros chubasqueros. Continuamos el camino, la lluvia se envalentonaba a cada paso, el viento, al parecer, se hizo cómplice de la borrasca y comenzó a atacarnos de todos los flancos.

Cuando nos aproximamos a la Cruz de Ferro; la intensidad de la lluvia, el viento que nublaba nuestra visión y la tensa neblina apenas nos dejaban ver el simbólico ícono. A pesar de las condiciones adversas, seguimos subiendo hasta que, por fin, alcanzamos la Cruz. Esta figura se encuentra a unos 1,500 metros de altura sobre el nivel del mar, entre los pueblos de Foncebadón y Manjarín. Hay un sin número de leyendas, tradiciones y simbolismos sobre La Cruz de Hierro (Cruz de Ferro en gallego), una de estas leyendas cuenta que cuando estaban por construir la Catedral de Santiago de Compostela se le pedía a cada peregrino una contribución para su construcción, la aportación consistía en traer una piedra desde el lugar donde el peregrino originaba su peregrinaje. Fue así como, eventualmente, se reunieron suficientes piedras para la edificación de la iglesia.

En la actualidad, por tradición, cada peregrino trae una (o varias) piedras y las deposita en la base de la Cruz. Simbólicamente, el peregrino al dejar la piedra está dejando un peso que hasta entonces le molestaba y del cual se libera. En mi caso particular, combatí contra las inclemencias del tiempo para llegar a la cruz y depositar tres piedritas que llevaba desde Puerto Rico. Yo había identificado cada una de aquellas piedras con una carga que venía acarreando por algún tiempo, al depositar bajo la cruz aquel lastre me estaba liberando del bagaje que venía acarreando durante parte de mi vida.

La lluvia no amainaba y el clima comenzó a tornarse más frío. Con mucho cuidado y delicadeza nos turnamos uno a uno para subir a la montaña de piedras depositada por los peregrinos que por allí pasaron a través de los años. Después de hacer nuestra aportación, buscamos refugio en un ranchón, el cual es el centro de bienvenida para los peregrinos que allí llegan.

Esperamos una media hora, resguardados en el salón de bienvenida, para ver si el tiempo mejoraba, pero fue todo lo contrario, a cada rato se tornaba más frío, hasta el punto en el que comenzó a caer nieve mojada. Como el clima iba de mal en peor, decidimos aventurarnos y comenzar a bajar hacia Ponferrada. En lugar de descender por el bosque decidimos bajar por la carretera, donde el camino es menos peligroso, más transitado y no es tan solitario, fue una buena decisión.

Siguió bajando la temperatura y la nieve mojada que caía en el asfalto lo tornaba resbaladizo. A pesar de los chubasqueros que teníamos, estábamos empapados hasta la ropa interior, para no congelarnos y evitar hipotermia teníamos que mantenernos caminando lo más rápido posible y así entrar en calor, pero el asfalto, lleno de nieve, hacía la tarea de caminar muy difícil; por el frío y la nevada tan grande, la carretera se tornó casi intransitable. Paulatinamente, la nieve mojada, que cubría el camino comenzó a congelarse, haciendo que el caminar fuese dificultoso; además, teníamos miedo de resbalar e ir a parar debajo de uno de los automóviles que subían a toda prisa. A cada minuto bajaba más la temperatura, la nieve se volvía más espesa y la visibilidad era menos; hubo pánico y algunos de los peregrinos optaron por llamar taxis para que los bajaran a un sitio seguro. Por un tiempo de treinta a cuarenta y cinco minutos el camino se llenó de taxis sacando a peregrinos de la vía para llevarlos a sitios seguros; no obstante, las condiciones se deterioraron tanto que hasta la transportación se dificultó. Eventualmente paró el tránsito de automóviles y quedamos varados en el camino a merced de nuestra suerte.

La cruz de Ferro *Comenzaba a nevar*

Fue así como cansados, casi congelados, mojados hasta los huesos y tiritando llegamos al primer café de Manjarín, el cual estaba repleto de peregrinos; allí nos acercamos a una enorme chimenea que había en el local para tomar un coñac y calentarnos.

Mientras tomábamos coñac y café caliente escuchamos varias historias que sucedieron ese inolvidable día del mes de mayo del año 2016. Escuché que tres amigas decidieron bajar por el bosque y estuvieron perdidas en el camino cubierto de nieve por varias horas; afortunadamente, dos peregrinos, que también bajaron por el sendero del bosque, las encontraron y lograron rescatarlas. Días después, se hablaba de una joven que tardó mucho en bajar de Foncebadón y le dio gangrena en una mano, aunque esta última historia no se pudo corroborar. Fue un milagro que no ocurriera ninguna tragedia aquel fatídico día que bajamos de la Cruz de Ferro bajo un espantoso temporal.

Después de un largo y merecido descanso junto a la chimenea del café, estábamos listos para continuar nuestra odisea. Comenzamos a bajar la pendiente rumbo a Ponferrada con mucho entusiasmo y alegría porque habíamos salido ilesos de aquella pesadilla. El camino, por la carretera de asfalto, desde Manjarín a Ponferrada, estaba en mejores condiciones que el tramo anterior. Bajamos sin mayores contratiempos hasta alcanzar nuestro destino al final de la jornada de ese, por siempre recordado, día.

Llegamos tarde al albergue, pero con tiempo para comer algo después de haber realizado las tareas rutinarias de fin de jornada, esto, claro está, incluía rellenar las botas con papel de periódico para que estuvieran listas a la mañana siguiente.

Como llegamos más tarde de lo que regularmente llegábamos al albergue no tuvimos tiempo de conocer Ponferrada, tal vez, por la mañana, en ruta a nuestro próximo destino, podríamos ver algo del pueblo. Me fui a la cama temprano, pensando que al día siguiente teníamos un tramo de Ponferrada a Villafranca del Bierzo de unos 24 kilómetros. Habría que esperar la mañana siguiente para ver que sorpresa tendría para nosotros esta nueva etapa.

Al otro día nos levantamos temprano y, después de un suculento desayuno en un café cercano al albergue, comenzamos la faena rumbo a Villafranca del Bierzo. La lluvia había cesado durante la noche, pero, aunque estaba ya despejado, hacía frío.

Aunque no pudimos visitarlo, pasamos frente al Castillo de los Templarios, también pasamos cerca del Museo de la Energía, al cual lamentamos no haber podido entrar, pues hubiese sido interesante ver como producían la electricidad en antaño. Por desgracia, no se puede acaparar todo lo que hay en el Camino.

Desde que dejamos la Meseta, este tramo a Villafranca era el más cómodo, tenía varios cafés y la vegetación era muy verde y hermosa en esa época del año.

En Ponferrada perdimos a dos miembros del grupo, André se quedó rezagado y no quiso que esperáramos por él, Anne se sentía muy cómoda y decidió levantarse temprano para hacer esta próxima etapa sin compañía. Se aprende muy rápido en el Camino y ella era una buena alumna; nosotros nos alegramos mucho de que nuestra amiga tomara la decisión para vivir una nueva experiencia, pues de eso se trata el Camino. Como suele ocurrir con los peregrinos que conocemos en el Camino, volvimos a tropezar con ella con frecuencia, muchas veces compartimos un café, vino o una cerveza, mientras, con júbilo, nos contaba sus experiencias del Camino, y, varias veces, nos dio consejos de que ver o hacer en tal o cual sitio. Anne ya no era aquella niñita llorosa que encontramos, llena de miedo, en una calle de Astorga, ahora era una chica confiada en si misma, llena de entusiasmo y lista para conquistar cualquier obstáculo que se le presentase a su paso. Como es sabido, el Camino proveé y nos ayuda a madurar, nuestra amiga era un vivo ejemplo de ello.

Entretenidos con el paisaje, haciendo paradas en los cafés a lo largo del camino y compartiendo con viejos y nuevos amigos, paso el tiempo y llegamos a Villafranca de Bierzo. Después de asegurar un albergue y ducharnos, fuimos a cenar y conocer un poco el pequeño pueblito de Villafranca, aquí nos encontramos a Frances, una peregrina oriunda de Illinois, a quien; junto a Celine, quien era procedente de Francia; Juan y yo habíamos asistido en alguna parte de la Meseta, pues Frances tenía una tendonitis en el tobillo mientras que Celine se había lastimado la rodilla; por suerte, Juan tenía una lata de aerosol de *Biofreeze* y pudo aplicarles a ambas en rodilla y tobillo, yo les regalé, a ambas, pastillas de diclofenaco para el dolor, también le presté a Celine, quien parecía ser la más afectada, un bastón para que le ayudara a caminar. Las chicas pudieron llegar al próximo albergue sin mayor dificultad, allí Frances se recuperó por completo; Celine también se recuperó, pero decidió dejar el Camino. La ayuda que le dimos a Celine y Frances la ofrecimos, claro está, como una responsabilidad que tenemos todos los peregrinos en el Camino de ayudar al prójimo.

Todo lo que pasa en el camino se sabe, los peregrinos son portavoces de noticias, por lo que todos en el camino supieron que habíamos ayudado a las chicas y que estaban bien. Gracias a esta acción fuimos bautizados como "Los Ángeles Del Camino".

Esa noche en Villafranca, había motivos para celebrar porque no habíamos visto a Frances desde que la socorrimos en la Meseta, así que celebramos con ella hasta que casi fue hora de cerrar el albergue. Ella estaba completamente recuperada y estuvo muy alegre, quiso invitarnos a tomar unos vinos y nos expresó su agradecimiento varias veces.

Creo que la celebración se extendió más de lo debido, pues al otro día teníamos que enfrentar el monstruo al que incluso los peregrinos más experimentados en el Camino Francés temen... O Cebreiro.

A pesar de haber celebrado hasta tarde la noche anterior, nos levantamos temprano con la preocupación de aquello que teníamos que enfrentar ese día, para llegar a la cima de O Cebreiro hay que subir varias pendientes, todas interminables y todas provocadoras. Al final de la jornada nos encontraríamos a 1300 metros sobre el nivel del mar.

Al salir de Villafranca hacía frío y había mucha neblina, pero a medida que caminábamos entrábamos en calor y, poco a poco, la neblina se fue disipando. Durante la primera parte de la jornada Juan y yo nos mantuvimos juntos, aunque no conversamos mucho, pues tratábamos de mantener nuestras energías para usarlas en las pendientes que teníamos adelante. Yo me sentí con mucha fuerza y poco a poco comencé a despegarme de Juan, en varias ocasiones me preocupé por él y esperé a que apareciera en algún punto bajo de la pendiente, como todo un campeón, siempre aparecía fresco y, aparentemente, sin hacer mayor esfuerzo para llegar a mí. Poco a poco, a paso lento pero constante, logramos vencer el monstruo de O Cebreiro. La angustia, el dolor y el júbilo se mezclaban en las expresiones de los peregrinos que llegaban a la cima; por un lado, se veía en sus caras el sufrimiento y agonía de aquella gran subida; pero por otro lado, también se notaba en sus rostros el éxtasis de aquella gran victoria. Otro motivo de celebración era el hecho de que la subida a O Cebreiro significaba que ya habíamos entrado a Galicia, solo faltaban alrededor de 160 kilómetros para llegar a la meta. En el idioma de los peregrinos que caminan largas distancias… Ya estábamos a un paso de Santiago.

Al llegar al albergue, para nuestra sorpresa, nos esperaba Anne, quien había subido temprano en la mañana. Nos registramos en el albergue, para cumplir con las exigencias protocolares, y luego salir a tomar un vino y celebrar este gran triunfo de amansar el monstruo de O Cebreiro.

En la cena nos reunimos con Anne, quien nos presentó nuevos amigos que había conocido en el Camino, todos comimos y bebimos hasta muy tarde, pero, como en el cuento de la cenicienta, la celebración no se podía extender por mucho tiempo y teníamos que regresar antes de que cerraran el albergue.

El próximo día estaba en agenda caminar unos 21 kilómetros para llegar a Tríacastela, comparada con la etapa del día anterior esta prometía ser ligera y de menor esfuerzo. Aunque todavía quedaba subir un par de pendientes difíciles, como son San Roque y Alto del Poio, ninguna era comparable con O Cebreiro. Alto del Poio está a una altitud de 1300 metros sobre el nivel del mar y la subida es intensa, pero el tramo que hay para subir es sumamente corto, al parecer, después de haber subido a O Cebreiro cualquier otra subida parecía pequeña. Una vez alcanzamos el Alto del Poio comenzamos a descender hasta llegar a Tríacastela.

Llegamos a la meta poco antes de las dos de la tarde, como era temprano decidimos celebrar el haber seducido a O Cebreiro y el Alto del Poio en las dos jornadas anteriores. Después de la larga celebración fuimos al albergue, donde Juan hizo una reservación para el próximo día en Sarria, luego salimos a rematar la celebración que habíamos comenzado en la tarde. Cuando regresamos al hospedaje me retiré directo a descansar pensando que ya estábamos muy cerca de Santiago de Compostela.

Esa noche en Tríacastela dormimos un poco más que lo acostumbrado; sabíamos que la próxima jornada hasta Sarria era solamente de unos dieciocho kilómetros, la ruta, aunque tenía sus dificultades, era pintoresca y la temperatura estaba muy agradable. Debido a que hicimos pocas paradas, llegamos muy temprano a Sarria.

Era jueves y Juan quería llegar a Santiago de Compostela el sábado, para el domingo ir a la Misa del Peregrino en la Catedral y ver El Botafumeiro funcionando. El Botafumeiro es un enorme incensario que cuelga de una soga y es movido de un lado a otro para que, de esta manera, el incienso salga y se desparrame por el área frontal de la Catedral; es un espectáculo único y solo está en función el domingo durante la Misa del Peregrino o algunos días especiales si es que algún peregrino paga una cantidad de dinero para que lo pongan a funcionar.

Cuando llegamos a Sarria nos enteramos de que ese domingo el Botafumeiro no iba a estar activo debido a que la iglesia tendría la conmemoración litúrgica de uno de sus santos, y, para no tener conflicto, el acto del botafumeiro seria adelantado para el sábado. Juan había caminado 800 kilómetros y tenía la ilusión de ver el Botafumeiro en su esplendor al final del Camino, era tan grande su sueño de ver aquella maravilla que se presentaba en la Catedral, que decidió acortar el tiempo para llegar a Santiago de Compostela para el viernes, así podría asistir el sábado en la mañana a la Misa del Peregrino, donde podría ver el Botafumeiro regando incienso a los allí presentes. Mi amigo decidió que en lugar de pernotar en Sarria continuaría su camino para completar dos etapas en un día, de esta manera lograría su objetivo de llegar a Santiago de Compostela y no perderse el espectáculo que presentaba la iglesia.

Luego de cancelar la reservación que mi amigo había hecho en Sarria, en un emotivo adiós, nos despedimos para finalizar cada uno el Camino sin el apoyo del otro. A Juan no lo vi más, pero nos mantuvimos en contacto vía WhatsApp y me enteré de que después de la Misa del Peregrino ese sábado partió en tren hacia su ciudad natal de Bilbao. Dos años más tarde nuestros senderos se volverían a unir.

En Sarria crece el número de peregrinos, esto es así porque es el lugar idóneo para comenzar el Camino Francés y caminar el mínimo de cien kilómetros que se requieren cualificar para obtener la Compostela. Este 'diploma' es un documento que otorga la Catedral de Santiago de Compostela a peregrinos que han hecho el Camino.

Debido a que en Sarria, y hasta llegar a Santiago de Compostela, hay más peregrinos que en el resto del camino las facilidades para dormir y comer están más saturadas, pero siempre hay lugar para todos y, como buenos hermanos, nos damos la mano los unos a los otros.

Tuve la suerte, cuando llegué a Sarria, de conseguir un albergue muy cómodo y bien ubicado; después de registrarme con el hospitalero, lavé mi ropa y me duché. Era temprano y decidí tomar una pequeña siesta para luego ir a cenar. Como Sarria es un lugar muy concurrido, se pueden conseguir abiertas las cocinas de muchos restaurantes durante las horas de la siesta, de manera que, después de tomar mi pequeño descanso, me fui a buscar un lugar donde cenar. Encontré un pequeño restaurante donde tenían el menú del peregrino, me disponía a cenar cuando, para mi sorpresa, apareció André, quien acababa de llegar a Sarria y también quería degustar el menú del peregrino. Después de cenar fuimos a mi albergue, donde pudo asegurar una cama para esa noche, luego salimos a conocer un poco del pueblo y tomar una cerveza.

El próximo día, antes de salir para Portomarin, fui con André a desayunar en un café que había no muy lejos del albergue; esa fue la última vez que vi a André. A él no le interesaba recibir la Compostela, más bien quería llegar al Fin de la Tierra para conocer a Finisterre, como le quedaba poco tiempo antes de regresar a Suecia, decidió tomar un autobús en Sarria para llegar a Santiago de Compostela y conocer la ciudad con su gran Catedral, luego tomaría un autobús para llegar a Finisterre y después regresaría a casa. Esa mañana tuve mi segunda emotiva despedida del Camino: primero Juan aceleró su paso para llegar a Santiago de Compostela un día antes de lo programado, ahora André se iba en busca de nuevos horizontes. Al menos sabía que allí, en algún lugar del Camino estaba Anne, quien iba rumbo a nuestra meta; además, aunque no tan cercanos, habían otros amigos con quienes interactuaba en la ruta que llevaba. Estas despedidas son la parte difícil del Camino. Las experiencias vividas junto a otros que cada día nos nutrían de las lecciones del Camino, marcarían para siempre nuestras vidas.

Después de despedirnos, André se dirigió a la terminal de autobuses mientras yo regresaba al Camino. La mañana era soleada y la temperatura estaba fresca, ideal para caminar los 22 kilómetros restantes para llegar al próximo destino.

La jornada de Sarria a Portomarin era de poca dificultad, muy fresca y alejada del bullicio de la carretera, sin embargo, la algarabía del sin número de nuevos peregrinos que habían comenzado su primera etapa en Sarria, vestiditos con ropa y zapatos impecables, era evidente; paraban en las tiendas de baratijas a comprar toda clase de chucherías alusivas al Camino, se notaba el júbilo de la mayoría de ellos que caminaban muy alegres queriendo absorber con sus ojos todo lo que podían, con mucho cuidado de no dejar que se les escapara nada; otros peregrinos, que al parecer venían de muy lejos, no compartían el mismo entusiasmo. Casi se podía adivinar quien era el peregrino que llevaba caminando varios días: este era el caminante que estaba curtido por el sol, se notaba el cansancio en su rostro y traía mucho fango en sus ropas y botas. Se dice que el 80 por ciento de los peregrinos que hacen el Camino Francés comienza en Sarria, los que llevábamos varios días caminando éramos una gran familia, pues tuvimos muchas oportunidades para compartir un café, una cena y una cerveza o un buen vino en etapas anteriores; fueron muchas las ocasiones que tuvimos para celebrar y cultivar aquella amistad de gente que procedía de todas partes del mundo. En esta ocasión, comenzando con el trayecto de Sarria a Portomarin y que continuaba por cuatro etapas más hasta llegar a Santiago de Compostela, se nos presentaba la oportunidad de añadir nuevos amigos al nutrido grupo que ya teníamos.

Estos últimos 115 kilómetros que teníamos que recorrer para llegar a Santiago, en realidad, eran los que contaban para obtener la Compostela, además, era requisito sellar la credencial por lo menos dos veces al día y llegar a la Catedral caminando para probar en la Oficina del Peregrino que se había cumplido con la formalidad de completar los últimos 100 kilómetros.

Como la jornada no presentaba mayores retos, me concentré disfrutando del verdoso paisaje y conociendo nuevas amistades, mientras caminaba y cambiaba de impresiones con peregrinos que entraban y salían a mi entorno. Fue así como, casi sin darme cuenta, me encontré cruzando el puente sobre el Rio Miño para luego subir las largas escaleras que me llevarían al casco del pueblo. Al final de la etapa, sin mayor esfuerzo y muy temprano, me encontraba en Portomarin, lo próximo sería asegurar un albergue para, después de una buena ducha, salir a comer algún bocadillo y conocer algo del pueblo.

Después de cenar en un café cercano a mi albergue, me dirigí al centro del pueblo, donde, para mi sorpresa, estaba repleto de peregrinos, algunos de los cuales no veía hacia muchos días. La temperatura estaba tremendamente agradable y el sol muy brillante, casi todas las mesas de los cafés estaban repletas de viejos y nuevos amigos. Como era temprano me dio tiempo de compartir con casi todos ellos, fui de café en café saludando y celebrando el encuentro de tantos amigos a los cuales tenía tiempo de no ver, entre ellos estaba Charles Joshua, a quien no veía desde que salió de Saint Jean-Pied-de-Port en abril 19. Charles salió solo desde Francia porque quería aprovechar caminando largas etapas para llegar a Santiago de Compostela antes de la ola de peregrinos que salíamos ese día, pero así es el Camino, se dice que por mucho madrugar no amanece más temprano; de todas maneras, me dio mucho gusto saludarlo y compartir con él. Algunos de los otros peregrinos que encontré fueron Carlos Rodrigues (Brasil), Bandil Nkrumah (Republica de Sudáfrica), Ди AHa (Isla de Man).

En la tarde, cuando la temperatura empezaba a bajar, me fui a tomar un café con el famoso Kunikasu Honda. Honda, como todos lo conocíamos, era un japonés de 73 años y poca estatura; este encantador ser humano era muy popular y querido por todos los peregrinos. Aunque su caminar era lento, desde que salió de Francia se mantuvo con la ola de peregrinos y fue parte de esa gran familia.

Compartiendo con Ди AHa en Portomarín

Esa tarde en Portomarín compartimos hasta muy tarde, las condiciones eran idóneas para una tarde perfecta: amigos que no veíamos por algún tiempo, temperatura agradable y la alegría de saber que ya nos aproximábamos a nuestra meta; pero todo tiene su final y teníamos que ir a descansar para estar listos la jornada del día siguiente. Con mucho pesar nos fuimos despidiendo de nuevos y viejos amigos, había alegría en cada corazón, pero sabíamos que el final estaba muy cerca... A menos de 100 kilómetros. Portomarín era un punto de referencia muy importante en el Camino, de aquí en adelante el número de kilómetros para, llegar a Santiago de Compostela, bajaba de tres dígitos a dos.

Después de casi un mes de entrenamiento en el Camino, el perfil de la etapa Portomarin a Palas del Reis no parecía presentar grandes retos; en esta jornada de unos 25 kilómetros había que subir 200 metros de altitud, para luego bajar en forma de serrucho poco más de 100 metros. Habiendo hecho esto estaría en Palas poco después del medio día.

Con la excepción que lleva al peregrino a la pendiente de Vendas de Narón, gran parte del Camino consistía en campos ondulados y pintorescos. La temperatura favorable, de unos 16 grados Celsius, con la alegría de saber que pronto llegaríamos a Santiago de Compostela y el compartir de amigos peregrinos, hacía de esta etapa una bonita experiencia. Poco a poco, mis pensamientos, cada vez más frecuentes, me transportaban a Santiago y me imaginaba como sería la llegada esta vez. Inmerso en un mar de pensamientos, y casi sin darme cuenta, poco después de la una de la tarde llegué a las puertas del albergue San Marcos... Mi hotel cinco estrellas por esa noche.

Esa tarde, varios peregrinos y yo decidimos no salir a cenar y mejor preparar una cena comunitaria, la cual se elaboró bajo el liderato de Amaury, quien nos preparó una cazuela de pollo. La cena estuvo riquísima y la tertulia después de la comida, duró hasta muy tarde en la noche. Presentíamos que no tendríamos muchas más oportunidades para reunirnos como grupo a celebrar y tratábamos de sacar el mayor provecho posible cuando se presentaba la oportunidad.

En la mañana temprano cuando me disponía a desayunar en un café cercano a mi alberge, me encontré a una peregrina estadounidense de nombre Hesoo Byun, ambos habíamos pernotado en el mismo albergue, pero desconocíamos ese detalle. Hesoo, al igual que yo, hacía el Camino sin ninguna otra compañía, decidimos caminar esta etapa juntos. Después de desayunar, salimos rumbo a Arzúa bajo el frío mañanero. Para llegar a nuestro destino de Arzúa teníamos que caminar unos 29 kilómetros en carreteras y bosques, desde que comienza El Camino en Palas va subiendo y bajando en forma de serrucho. La ruta tiene unos parajes bellos, pero el que más sobresale es Ribadiso, cerca de

Arzúa; sus construcciones enclavadas en medio de este verdor me hicieron sentir que había llegado al paraíso. El cantar de los pájaros, el ruido del agua viajando hacia su destino y el viento aullando en las copas de los árboles me daban mucha paz y sosiego.

Aunque un edén, Ribadiso no es la única estrella en esta jornada; antes de llegar a este paraíso, casi a la mitad del camino, se encuentra Melide, al llegar a este pueblo es obligación del peregrino detenerse para buscar la pulpería de su predilección y saborear el famoso pulpo de esta localidad. Por recomendación, Hesoo y yo escogimos *Pulpería Ezequiel*. A mi juicio, la elección no fue equivocada, saborear el pulpo de este local fue una verdadera exquisitez al paladar. Esta es una de esas experiencias en el Camino que nos enseña a apreciar los momentos especiales en la vida, nos sirve de lección para darnos cuenta de lo afortunados que somos, pues luego se nos olvida por creer ser meritorios de lo que tenemos.

A la izquierda, Hesoo y yo saboreado el pulpo de Pulpería Ezequiel. En el medio, rico pulpo con vino tinto de la casa, servido en tazón estilo gallego. A la derecha, se observa la preparación de este exquisito manjar.

Aunque habíamos caminado poco, llegamos a Melide apenas a las once de la mañana, la jornada de Melide en adelante se nos hizo pesada. Después de aquella suculenta comida teníamos que continuar el camino hasta llegar a Ribadiso y después a nuestro destino final de Arzúa. Era difícil emprender de nuevo la caminata después de aquella pecaminosa parada, con mucha pereza anduvimos por unas cuantas horas hasta llegar a Ribadiso, allí hicimos una parada para admirar su belleza mientras metíamos los pies en sus aguas heladas para masajearlos y rejuvenecerlos. Después de una larga parada en Ribadiso continúanos el corto recorrido hasta llegar a Arzúa.

Luego del procedimiento acostumbrado de registrarme, sellar la credencial, lavar y ducharme, salí a la calle a cenar. En el café me encontré a algunos peregrinos con los cuales estuve compartiendo por un buen rato, sabíamos que la meta estaba cercana y había un ambiente festivo entre nosotros. Bajo aquel ambiente fuimos a pasear y visitamos uno que otro café antes de ir a descansar.

En la mañana, temprano, después de desayunar, me dispuse a caminar los 18 kilómetros que había entre Arzúa y Pedrouzo. La mañana estaba cálida, pero más energizada que de costumbre, pues el número de peregrinos había aumentado ese día. Era de esperarse, porque en Arzúa convergen los caminos del norte y el francés; al unirse los peregrinos del Camino del Norte al, ya saturado, Camino Francés, el número de peregrinos aumenta.

La etapa era corta y el desnivel no era significativo, aunque hubo alguna llovizna no hubo ningún percance importante y muy pronto llegué a mi destino. Antes de ir a mi guarida, por esa noche, me detuve a descansar y tomar unas cervezas con algunos de los amigos que ya celebraban la antesala de la llegada a Santiago de Compostela. Pedrouzo era la puerta por donde habríamos de entrar a nuestro destino.

Dormí muy poco esa noche anticipando la llegada a Santiago de Compostela, después de mucho tiempo en el Camino, este era el día que haría la entrada triunfal a la Catedral. Me alisté para salir a la calle en esta última jornada y me encontré con un día muy bonito, ideal para caminar. La distancia para llegar a Santiago de Compostela era de unos 20 kilómetros con poco desnivel, sin embargo, la ruta era mayormente urbana y estaba atestada de peregrinos, algunos de los cuales yo no había visto nunca en el Camino. Aquí el panorama empezaba a cambiar y ya la nostalgia por el camino que había quedado atrás comenzaba a apoderarse de mí, por otra parte, la sensación de llegar a mi destino me alegraba y me empujaba a seguir adelante. Caminando entre aquel mar de gente me encontré a una peregrina de nombre Joette Reidy, quien era oriunda de Estados Unidos. Joette me acompaño hasta llegar a Santiago de Compostela.

Como la jornada era corta y no presentaba mayor reto Joette decidió vestirse con falda, usar sandalias y enviar su mochila por correo para estar lo más cómoda posible, de esta manera se concentraría en disfrutar su último tramo a Santiago; para su sorpresa, en medio del camino se desató un chubasco y tuvimos que guarecernos en un café que, por suerte, no estaba muy lejos; para su fortuna, busqué en mi mochila y tenía un poncho, el cual le regalé para poder seguir el camino hasta Santiago.

Luego de transitar varios kilómetros llegamos al Monte do Gozo, la lluvia había pasado y la visibilidad era muy buena. Desde el Monte, por primera vez en todo el Camino se puede ver la Catedral; cuando la pude ver me invadió un sentimiento de alegría y satisfacción... Casi lo había logrado, solamente faltaba caminar una hora más para llegar a la meta.

Monte do Gozo. Desde donde se puede ver por primera vez La Catedral de Santiago de Compostela.

Después de una larga parada, ya con las fuerzas renovadas, continuamos la marcha a paso apresurado hasta el objetivo final. Pensé que siendo esta la segunda vez que entraba a la ciudad como peregrino, no estaría tan cargado de inquietudes, sin embargo, las emociones tenían la misma, o más, carga que cuando entré por primera vez a Santiago. Se me hacía difícil caminar arrastrando tanto entusiasmo.

Temprano en la tarde entramos en los límites de la ciudad. Después de 31 días en el Camino, 800 kilómetros recorridos bajo el sol, la lluvia, lodo ,granizo, nieve, frío, calor, aburrimiento, conciertos de ronquidos en las noches, sufrimientos y penas, había llegado a la Ciudad de Santiago de Compostela; pero no todo fue angustia en este recorrido, el Camino me dio muchos amigos, sabiduría, enseñanzas, libertad, me abrió puertas, nuevos horizontes, me dio tiempo para conocerme y compartir conmigo mismo cuando quise y compartir con otros cuando así lo deseé; en fin, cada nuevo día el Camino me recompensaba con nuevas e importantes lecciones, quizá es por eso por lo que el Camino te atrapa.

En la entrada a Santiago, frente al letrero que da la bienvenida a la ciudad, Joette y yo nos detuvimos a tomar algunas fotos, felicitarnos por el logro de completar el Camino y saludar a los peregrinos que por allí pasaban rumbo a la Catedral. Después de esto mi amiga peregrina y yo nos despedimos; Joette continuaba su camino hasta la Catedral, yo, en cambio, había reservado un hostal, con agua caliente, para una sola persona y quería darme un largo baño, cambiarme y luego subir hacia la Catedral, celebrar un poco y después pasar por la Oficina del Peregrino a recoger mi Compostela.

Dos horas más tarde caminaba inquieto rumbo a la iglesia, la ansiedad por llegar a la Plaza de Obradoiro me nublaba los ojos, apresuradamente subí la pendiente y, en medio de un mar de gente, logré divisar el ícono magno de la Catedral de

Santiago de Compostela. Cuando llegué a ella, sin parar ni un instante, continúe mi marcha por el túnel que da a la Plaza, con paso firme, bajo una lluvia de música celestial interpretada por músicos que se arremolinaban a cada lado del túnel, llegué a la Plaza de Obradoiro. Con apenas fuerzas en mis piernas para sostener mi cuerpo y respiración profunda, me paré en aquella gran plaza mirando a todas partes tratando de contener mi llanto. Me sentí con ganas de reír, así que reí; luego, envueltas en un suspiro profundo, bajaron dos lágrimas que, después de enjugar mi cara, el viento se llevó y fueron a parar a algún lugar dentro de los adoquines que adornaban la Plaza. Con dificultad, porque mis ojos todavía estaban húmedos, alcancé a distinguir un grupo de amigos peregrinos, corrí hacia ellos para abrazarlos y felicitarlos, nos apretamos y, con gritos de júbilo, dimos rienda suelta a los sentimientos. De nuevo se nublaron mis ojos y ya no pude contener mi llanto, sin vergüenza y sin oprobio, no me importó y dejé que todos me vieran. Otros por toda la Plaza también hacían lo propio. Dimos rienda suelta a las emociones por largo rato hasta que fue hora de despedirse, tenía que ir por la Compostela y no había cenado. Acordamos vernos después de recoger la Compostela para comer y celebrar.

En la Oficina de Servicio al Peregrino la fila para recoger la Compostela era interminable, pensé regresar más tarde, pero sabía que la cola sería igual, mejor era esperar pacientemente 2 o 3 horas para, de una vez, poder retirar mi "diploma de graduación"; si había esperado 31 días para llegar aquí, ¿qué importaban un par de horas más? La espera, aunque duró dos horas con quince minutos, no fue tan dolorosa, tuve la oportunidad de ver a varios peregrinos del camino y conversar con ellos. Al igual que yo, ellos estaban muy alegres de saber que era la fila donde recibiríamos el premio al final del Camino.

Cayendo la tarde, con la Compostela en mano, salí de la Oficina de Servicio al Peregrino hacia el restaurante donde habíamos acordado reunirnos varios peregrinos para la celebración de la victoria. El restaurante estaba atestado de peregrinos y muchas de las caras me eran conocidas. Después de cenar y festejar hasta tarde, nos despedimos para ir a dormir un poco; la próxima reunión seria al otro día durante La Misa del Peregrino.

Al siguiente día, después de un desayuno ligero, fui caminando lentamente en dirección a la Catedral. En la ruta hacia la iglesia me tope con varios amigos, los cuales se habían quedado rezagados en el Camino y recién comenzaron a llegar paulatinamente ese día. Por supuesto, el ambiente era festivo en cada encuentro, el cual estaba lleno de júbilo, risas, elogios y algarabía. Así fue que, entre celebración y celebración, llegué a la Catedral alrededor de las once y media para asistir a la misa de las doce, conocida como La Misa del Peregrino. Parecía que había llegado tarde a la misa, porque todos los asientos ya estaban ocupados y muchos peregrinos quedamos de pie. Aunque los actos protocolares y misa tardarían una media hora más, se les pedía silencio a los presentes, pero era imposible para muchos peregrinos dejar que sus emociones permanecieran mudas al ver en misa a sus amigos después de haber compartido penas y alegrías durante largos días en el Camino. Cada encuentro entre peregrinos era motivo de risas y algarabías, lo cual hacía difícil mantener la cordura.

Al comenzar la misa se nos dio la bienvenida, en varios idiomas, a los peregrinos que habíamos allí representando a cada uno de nuestros países. Había representantes de tan lejos como China, Corea y Australia, entre otros; los más cercanos incluían al país anfitrión y otros países europeos; algunos países estuvieron muy bien representados con un sin número de peregrinos; de otros países la representación no era muy nutrida, algunos incluso estaban representados por solo un peregrino... Ese fue mi caso, pero no importaba de donde venias, ni el número que fuera, lo importante era que nos mirábamos y nos sentíamos iguales. En nuestro mapa mundial no se conocían fronteras, tampoco nos separaban idiomas, éramos peregrinos del mundo.

En la tarde, después de misa, era tiempo para comenzar a digerir lo que había pasado en los últimos 32 días, esta era la parte más difícil de todo el Camino. Algunos de los amigos peregrinos comenzaban el viaje a sus hogares y había que despedirlos; cada despedida, que paulatinamente dábamos a diferentes compañeros, era muy emotiva y estaba acompañada de llantos, abrazos, dolor, sentimiento y otras emociones que hacían de aquel adiós uno muy difícil, pero siempre estaba la promesa de que aquella despedida no sería la última. La amistad que nació y se cultivó en el Camino no podía tener su fin en Santiago de Compostela.

Algunos de nosotros fuimos a cenar para celebrar, por última vez de este episodio vivido, nuestro triunfo y la amistad que nos unía. Fue un lindo compartir el de aquella tarde/noche. Elocuentemente brindamos por la amistad, por nuestros logros, triunfos, proyectos futuros, por nuestros próximos caminos y por tantas otras cosas que ya no recuerdo. Con penas, angustias, congojas, tristeza y llanto, aquí, en Santiago de Compostela, terminaba nuestro Camino Francés. En la mañana temprano algunos emprenderían sus viajes a casa; otros quedarían en Santiago por uno días, para saborear su hazaña un poco más; yo no terminaba aquí, mis pasos me llevarían a Finisterre.

Capítulo VI: El Camino Finisterre

Después de completar el Camino Francés algunos peregrinos continúan hasta llegar a Muxía o Finisterre, en el Cabo do Morte; se hace por espíritu de aventura, razones espirituales, o simplemente por curiosidad. Yo tenía curiosidad de conocer el fin de la tierra del mundo antiguo y me atreví, después de descansar un día en Santiago de Compostela, a continuar mi larga jornada. Distinto a el Camino Francés que termina en Santiago de Compostela, el Camino Finisterre comienza en Santiago y termina en el Cabo do Morte, este Camino es corto, de solamente 88 kilómetros, y se puede hacer en tres o cuatro días. Hay dos formas de completar esta ruta: saliendo de Santiago de Compostela se puede llegar pasando por Muxía primero y terminando en Finisterre; la otra manera de la que se puede hacer este trayecto es comenzando en Santiago de Compostela, pasar por Finisterre y terminar en Muxía. Yo escogí pasar por Muxía primero y terminar en Finisterre.

Después de un sabroso desayuno, temprano en la mañana salí de Santiago de Compostela rumbo a Negreira, esta era la primera etapa y prometía ser de poco desnivel. Todavía era muy temprano en la mañana y aun dominaba la oscuridad, por lo que, saliendo del hostal donde me hospedaba, fue muy difícil encontrar el camino que va en dirección contraria a la Catedral. La señalización para llegar a Santiago de Compostela es muy clara, basta con seguir las flechas amarillas que marcan el camino para llegar a la Catedral, como ese es el destino de la mayoría de los peregrinos, las señales abundan; sin embargo, en dirección opuesta a la Catedral caminan solamente un puñado de peregrinos y las flechas amarillas escasean. La falta de señalización, junto a la bruma de la mañana hacía que la salida de Santiago de Compostela fuera todo un reto.

Después de estar perdido por más de media hora, encontré la ruta que me llevaría a Negreira, poco a poco la urbe iba quedando atrás, la bruma se iba despejando y dejaba ver el verdor del campo. Desde lo lejos, la vista de la ciudad, con sus luces aun encendidas, era espectacular. Poco a poco comenzaban a escucharse los sonidos del campo... El susurrar del viento, pajaritos cantando y agua cayendo de algún arroyo. La mañana era fresca y el ambiente estaba impregnado por el olor a yerba mojada. Parecería que iba rumbo al paraíso.

Último adiós a la Catedral - Rumbo a Muxía /Finisterre

Como si esto fuera poco, no había un alma en todo el trayecto. Pronto descubrí que, a diferencia del Camino Francés, el cual es transitado por un mar de peregrinos, esta ruta a Finisterre era casi desierta. Si el propósito era meditar y buscar respuestas o disfrutar del ruido del silencio, esta ruta era idónea.

Con un centenar de pensamientos, pero sin una idea clara de lo que hacia allí, me zambullí en el bosque a caminar y me dejé seducir por su encanto. El tiempo trascurrió y, cuando desperté de mi trance, ya había llegado a la otra urbe. Alrededor del mediodía Negreira me daba la bienvenida; el pueblo, a diferencia del camino, estaba muy concurrido y sumamente activo. Aquí no se siente el calor que percibe el peregrino en el Camino Francés; como pasa en las ciudades grandes, el peregrino es invisible en la metrópoli, pero como también sucede en las grandes urbes, siempre hay personas dispuestas a ayudar y darle la mano a un extraño desprovisto.

Estuve divagando por el pueblo durante largo rato, extrañando a mis amigos peregrinos del Camino Francés. Entré a un café para comer algo y luego ir al albergue, esta vez comí en silencio y solo, no había ni un peregrino alrededor; más tarde, cuando pasé al hospedaje, habían solamente tres peregrinos que ya descansaban, yo también, después de registrarme, lavar ropa y tomar una ducha, me fui a la cama.

En la mañana, cuando desperté, el albergue ya estaba solo, todavía no daban las siete de la mañana y los fantasmas que allí durmieron se habían ido a caminar. Al lado del albergue había un café, aproveché para desayunar y luego emprender el recorrido a Olveiroa.

Crucé el Rio Barcala por el puente, dejando atrás a Negreira. La mañana estaba tibia y tranquila; con excepción de pequeños pueblos, como lo son Camino Real, Vilaserio y Marona, la senda era frondosa con mucha vegetación. De nuevo toda esta etapa estuvo desierta, solamente encontré dos peregrinos en todo el camino, ellos iban en dirección a Santiago de Compostela y cuando me vieron se alegraron mucho, nos detuvimos a saludarnos mientras compartimos un chocolate, maníes y frutas; supe que habían completado El Camino Inglés de Ferrol a Santiago de Compostela, después de un día de descanso en Santiago habían caminado a Muxía, vía Finisterre, ahora regresaban a Santiago para luego volver a casa. Me contaron que yo era el único peregrino con quien habían tenido contacto en todo el trayecto desde Olveiroa. Después de despedirnos continué mi camino en compañía de pajaritos, corrientes de agua que viajaban hacia algún lado y el viento acariciando las copas de los árboles.

Llegué a Olveiroa sin ningún incidente y sintiéndome renovado, el pueblito era pequeño y lo pude conocer en poco tiempo, luego me dirigí al albergue, el cual tenía un pequeño restaurante. Después de una ducha pasé al restaurante a cenar y tomar una cerveza, allí solamente conocí a una pareja de peregrinos quienes iban a Muxía vía Finisterre, compartimos unas cervezas antes de ir a descansar.

Al día siguiente me esperaba la etapa más difícil de todo el camino, Olveiroa a Muxía. La jornada era de unos 30 kilómetros y comenzaba con la pendiente más difícil en todo el Camino Finisterre. Comencé la etapa, temprano en la mañana, en compañía de la pareja de peregrinos que conocí el día antes en el hospedaje, caminamos hasta la parte donde el camino se divide, en forma de y, en dos diferentes rutas: una de ellas iba a Muxía mientras que la otra iba a Finisterre. Ellos escogieron la ruta a Finisterre para luego continuar a Muxía, yo me decidí por la de Muxía para continuar y en otra última etapa terminar mi camino en Finisterre.

Caminé solo entre árboles gigantes por un largo rato, la ruta carecía de facilidades, pero yo cargaba algunas frutas, chocolates, barras energéticas y otras golosinas para compensar la falta de establecimientos en el trayecto.

Caminando por el bosque me pareció escuchar un ruido raro, pero a la vez conocido; es lo que llaman los peregrinos "fantasmas del Camino". Mientras avanzaba entre los árboles, el ruido se acercaba a mí; yo traté de descifrarlo, pero el bosque era muy placentero y yo estaba inmerso en su belleza. El ruido continuaba, cada vez más ensordecedor, ahora se me hacía difícil concentrarme y dedicarle mucha atención al bosque. Llegué a un claro y no pude creer lo que mis ojos estaban viendo: allí, por entre los árboles, se asomaba un inmenso mar azul. Casi muero, no había visto el mar desde que salí de mi casa, hacía un mes y medio. Bajé mi mochila y me senté en la yerba mojada a mirar aquella maravilla.

No sé cuánto tiempo estuve allí, inmerso en mis pensamientos; la alegría que sentía por haber visto aquel inmenso océano renovó mis fuerzas. Quería quedarme en aquel lugar preguntándome que habría al otro lado del océano, pero tenía una misión que cumplir y decidí continuar el camino hacia Muxía. Mientras andaba por el bosque pensaba como había cambiado el panorama, avanzaba por un camino verde de árboles altos que parecían servir de centinelas a aquel imponente mar que, entre árbol y árbol, se hacía visible a mi derecha. Poco a poco, el bosque se fue volviendo menos denso y el mar se dejaba ver cada vez más.

Después de caminar alrededor de una hora llegué al final del bosque, a lo lejos, el pueblo de Muxía daba las primeras señales de vida. Por un camino largo y descubierto llegué a la playa que conectaba con el pueblo, me quite las botas para caminar por aquellas arenas blancas y tibias que me llevarían a mi destino, no resistí la tentación y metí mis pies en las aguas heladas del Océano Atlántico, poco a poco fui caminando por la arena mientras tomaba tiempo para meterme en el océano, dejando que las arenas y el mar masajearan mis pies, la sensación era muy agradable y reconfortante.

Así fue como llegué al final de mi jornada, me fui directo al albergue y, después de registrarme y ducharme, llevé mis ropas a una lavandería cercana. Luego de alistar mi cama y guardar mis ropas me fui a la calle, que estaba frente al mar, a cenar y conocer algo de Muxía. Regresé temprano al hospedaje, tomé un pequeño descanso y me fui a conocer el santuario de Virxe da Barca, para más tarde ver la puesta del sol cerca al Faro Touriñán. Después de la puesta del sol, como a las diez de la noche, fui a un café para tomar una cerveza frente al mar y así terminar mi estadía en esta bella ciudad. El próximo día me esperaba la última etapa, la cual consistía en unos 30 kilómetros, desde Muxía hasta Finisterre. Me acercaba al final del camino y mis emociones ya comenzaban a sentirse.

Estaba ansioso por llegar al Fin de la Tierra, o mejor dicho al fin del mundo, como era conocido en otra época. Me levanté muy temprano y fui a desayunar a un restaurante frente al mar, donde habían seis peregrinos. El día anterior ellos habían hecho su último recorrido desde Finisterre a Muxía, ahora desayunaban esperando por el autobús que los llevaría a Santiago de Compostela para, seguramente, continuar su viaje a casa. Después de saludarlos me senté a la mesa a desayunar mientras me contaban algunas cosas sobre lo que sería mi destino final; antes de que pudiera terminar mi desayuno llegó el autobús que los llevaría a su destino, nos despedimos y quedé solo para terminar mis alimentos, después comenzaría el largo recorrido. Salí y me paré por un instante frente al mar para escuchar su sonido, luego le di un último vistazo a esa linda ciudad que comenzaba a despertar.

Esta última etapa me pareció una muy agradable, aunque gran parte del camino era rocoso, el bosque era cautivante, con muchos árboles de eucalipto y pinos. Agregado a la belleza del bosque, el camino trascurría paralelo a la Costa de la Morte. Los pájaros en el bosque, el susurro del viento y las olas que suavemente rompían en las arenas blancas del Mar Atlántico formaban una melodiosa orquesta. Como casi todo el Camino Finisterre, la ausencia de humanos era notable. Caminé por muchas horas, metido en mis pensamientos, hasta llegar a la localidad de Dugium, allí me detuve a descansar. Comencé a preguntarme qué tan cierta sería la leyenda de que por algún lugar de aquella población habían llegado los discípulos con el cuerpo del Apóstol Santiago, o si los discípulos desembarcaron el cuerpo del Apóstol en algún lugar de Padrón, como dice la tradición. Hay historias y leyendas muy bonitas, ciertas o no, todas ellas añaden colorido al Camino.

Después de un merecido descanso, continué mi travesía solo con mis pensamientos. El panorama del camino, poco a poco, fue cambiando y el verdor del bosque dio paso a una jungla de cemento. Cuando llegué al límite de la ciudad me detuve en un café a comer un bocadillo y tomar vino para celebrar la llegada a Finisterre. Ya llevaba 35 días en el Camino y alrededor de 900 kilómetros recorridos, todo eso cruzando la península ibérica desde Francia hasta el Océano Atlántico.

Después de aquella corta parada, continué mi camino con la esperanza de encontrar un albergue cerca al puerto; como había llegado temprano a Finisterre, tuve la dicha de encontrar hospedaje a dos cuadras del puerto. Luego de registrarme y ducharme en el albergue, bajé a cenar frente a la bahía. En la plazoleta frente al puerto hay varios restaurantes y todos son muy buenos, por recomendación de peregrinos en el Camino yo escogí uno que llevaba el nombre, para variar, de *El Puerto*. La selección del restaurante fue muy acertada, aunque seguramente cualquier otra alternativa también hubiera sido una buena opción, pues estábamos en Galicia y el pescado fresco llegaba al puerto a todas horas.

El Puerto   Plazoleta del Puerto   Kilómetro 0   Quema de ropa en Finisterre

Mientras cenaba, entró al restaurante un peregrino procedente de Sudáfrica, de nombre Zareb Tasama, a quien había conocido en Portomarín; le invité a que me acompañara a cenar, él se negó porque ya había comido, pero me acompañó a tomar un vino mientras yo cenaba. Hablamos un rato mientras yo me alimentaba; como ninguno de los dos había llegado al faro, que es el punto final de Finisterre, acordamos ir hasta allá para ver la puesta del sol. El faro está cerca del kilómetro 0 y ahí las puestas de sol son espectaculares, cada atardecer llegan peregrinos a admirar semejante divinidad. Para llegar hasta el área del faro hay que caminar alrededor de tres kilómetros y medio, casi todo subiendo por carretera. Desde la cima, donde está ubicado el faro se puede ver el horizonte y se deja ver la curvatura de la tierra; uno podría entender porque a este lugar se le llama el "Fin de la Tierra".

En Finisterre hay una costumbre que consiste en que el peregrino que ha viajado por muchos kilómetros queme su ropa llegando al faro. Se dice que los antiguos peregrinos, al llegar al fin del Camino, quemaban sus malolientes ropas, y buenos samaritanos les obsequiaban con ropas limpias. Al oscurecer queríamos hacer la acostumbrada ceremonia, pero, hacía un par de años, la cima donde se acostumbraba a quemar las ropas se incendió y esta práctica ahora es ilegal.

Después de maravillarnos con la puesta del sol y, simbólicamente, quemar una pieza de ropa, comenzamos el tedioso camino de regreso al albergue. Zareb había llevado unas cervezas y durante el regreso terminamos de consumir las que quedaban, así el camino se hizo más llevadero. Llegamos al área del puerto, paramos en un café para tomar una copa de vino y despedirnos de Finisterre. En la mañana Zareb emprendería su viaje a casa, yo regresaría en un autobús a Santiago de Compostela para pernotar allí una noche más, por la mañana viajaría a Madrid y de allí iniciaría el largo viaje de regreso.

En el avión, vuelta a casa, recordaba lo intenso que había sido aquel mes y medio desde que comencé el Camino al otro lado de los Pirineos un 19 de abril del año 2016. La experiencia fue brutal: espiritual, dolorosa, emotiva, tierna, alegre, informativa y enriquecedora. El dolor, los desafíos el cansancio físico, acompañado a veces con el aburrimiento, la lluvia, el viento, la nieve, el granizo todo era parte de esta gran experiencia; pero también lo eran los nuevos amigos, el compartir y el aprender de amantes del Camino, el ampliar mis conocimientos históricos y culturales, el maravillarme con la belleza de la Madre Naturaleza y el vivir intensamente en un mundo tan extraordinario. Aseguran algunos peregrinos que después de esta experiencia la vida no vuelve a ser la misma, yo no sé si mi vida es diferente a como era antes del Camino, pero lo cierto es que aquellas maravillosas lecciones que viví ahí me hicieron crecer y, aunque tal vez mi mundo sigue siendo el mismo, ahora lo puedo apreciar desde otra óptica.

Mientras aquellos fugaces pensamientos entraban y salían por mi mente, me preguntaba ¿cómo y cuál sería mi próximo camino?

Capítulo VII: El Camino Sanabrés

Después de pensarlo por un tiempo, decidí que mi próxima experiencia sería en el Camino Sanabrés. En mi casa, después de regresar de los Caminos Francés y Finisterre, tuve la oportunidad de informarme sobre varias alternativas para vivir esta nueva experiencia. El Sanabrés es más corto que el camino francés, midiendo alrededor de 370 kilómetros, y parecía menos concurrido, lo cual hacía de este camino uno ideal para meditar y reflexionar.

El Camino Sanabrés tiene su comienzo en La Granja de Moreruela, sin embargo, desde Madrid, que fue mi primer destino, no hay transportación directa, de manera que, el 11 de septiembre del 2017, llegué en tren a Zamora, que quedaba a solamente 42 kilómetros de mi destino. Aunque originalmente pensaba tomar un taxi para llegar a la Granja y empezar el recorrido, decidí caminar los 42 kilómetros desde Zamora a la Granja.

Como llegué en la tarde a Zamora, no me sobraba mucho tiempo para hacer todas mis gestiones antes de comenzar con la caminata a la mañana siguiente. Me tomó de unos quince a veinte minutos caminar el recorrido desde la estación del tren hasta mi albergue. El hospedaje se encontraba cerca de la Biblioteca Municipal y era muy acogedor, la hospitalera era maravillosa y la tarifa del albergue quedaba a la voluntad del peregrino, esto incluía un exquisito desayuno. Después de registrarme, aunque estaba cansado por el largo viaje, salí a comer y conocer algo de Zamora; el pueblo estaba tranquilo y casi desierto. Después de cenar, me senté en un banco de la plaza frente a la iglesia y fue cuando me percaté de lo cansado que estaba; como me había propuesto llegar a La Granja de Moreruela el día siguiente, y era una faena de 42 kilómetros, creí que lo más prudente era ir a descansar para comenzar mi primera caminata temprano en la mañana.

Al día siguiente apenas había salido el sol cuando comencé a caminar. Cruzando el Rio Duero, por el Puente Nuevo, conocí a Javier, quien era entrenador de profesión y había comenzado el Camino en Extremadura.

Desde el Sur de España salen dos caminos que llegan a Zamora para luego continuar hasta la Granja de Moreruela y unirse al Sanabrés, uno de estos caminos es el Mozárabe, que tiene su origen en Armería, y al llegar a La Granja de Moreruela continua la misma ruta que el Sanabrés; el otro Camino es el de La Vía de La Plata , el cual se origina en Sevilla y llega a la Granja de Moreruela, este último, sin embargo, después de alcanzar La Granja de Moreruela se desvía hacia el Norte para llegar a Astorga y luego unirse a el Camino Francés.

La primera etapa, desde Zamora a la Granja de Moreruela, era un poco pedregosa y el único reto que tenía era la distancia de 42 kilómetros, lo cual era más o menos la misma distancia que un maratón. La mayor parte de la jornada me mantuve junto a Javier, parábamos a descansar cuando se presentaba la oportunidad para tomar un café o comer un bocadillo. Así transcurrió más de la mitad del camino, sin embargo, después del medio día empecé a notar que Javier comenzaba a dar señales de cansancio, le costaba trabajo mantener mi paso, a pesar de su juventud y su excelente condición física; luego de caminar 31 kilómetros llegamos a Riego del Camino, Javier decidió quedarse y terminar su fase allí, nos despedimos y yo continúe mi camino solo. En los once kilómetros que faltaban para llegar a La Granja de Moreruela no encontré un solo peregrino. Así trascurrió la jornada hasta llegar a mi meta ese primer día.

Esta primera etapa fue dura, el viaje en avión de toda una noche y varias horas en un tren de Madrid a Zamora para el próximo día caminar 42 kilómetros hizo que esta primera fase fuera algo incomoda. Llegar a La Granja, donde oficialmente empezaría mi Camino, fue toda una odisea.

El pueblo era sumamente pequeño y no había mucho que ver. Antes de llegar a la posada paré un momento a conocer el Monasterio de Santa María de Moreruela, que era el lugar de mayor relevancia histórica, luego de eso fui al albergue y, como había tapeado todo el camino, después de lavar mi ropa y ducharme, fui directo a la cama. Al día siguiente tendría una etapa de 26 kilómetros para llegar a Tábara.

A las 8 am del día siguiente ya me encontraba en camino rumbo a Tábara, la mañana estaba cálida y caminé sin ninguna novedad hasta llegar al Río Esla, allí se me hizo extremadamente difícil andar por la ladera del río en una senda estrecha, pedregosa y en continuo ascenso. Había un letrero que advertía sobre la peligrosidad de esa parte del camino, un resbalón por aquella ladera y podía uno rodar entre piedras hasta caer al río; había que caminar con mucha cautela y las bicicletas no eran permitidas. Después de pasar ese primer obstáculo me encontré rodeado de olivos y, con un calor infernal, poco a poco, el camino comenzó a mejorar hasta hacerse, aunque monótono, agradable. Los únicos peregrinos que ví en todo el camino fueron cerca al Río Esla. Después de eso todo transcurrió sin novedad hasta llegar a Tábara.

A diferencia de La Granja de Moreruela, el municipio de Tábara contaba con todos los servicios y comodidades. Aproveché, después de registrarme y ducharme, para lavar mis ropas en máquinas de lavar, esto era todo un lujo; luego fui a cenar y conocer algo de Tábara, la tarde estaba calurosa y, después de caminar un rato, fui a la Plaza Mayor a comer un helado cerca a la estatua de León **Felipe Camino Galicia**, quien fue un famoso poeta español nacido en Tábara. La noche comenzaba a caer y decidí irme al albergue a descansar.

El próximo día salí después de las 8 am, el camino era tranquilo y sin novedad, el panorama inicial era similar al del día anterior, el terreno era árido y pedregoso, pero más tarde el verdor de olivos y viñedos comenzaba a dejarse ver, a veces la vía se tornaba más arenosa. Caminé toda la travesía sin ver a nadie, fue hasta casi llegando a Bercianos de Valverde que conocí a una pareja de holandeses de nombre Jan Willem Van Rijn y Cornelia. Caminamos juntos hasta llegar a Bercianos de Valverde y, después de una parada ahí, continúe solo hasta llegar a Santa Marta de Tera. El albergue en este pequeño municipio era muy cómodo, parte del hospedaje servía de hotel y acomodaba a turistas mayormente locales, el área de hotel estaba separada por un patio interior que daba a los predios del albergue. En el alojamiento había únicamente un peregrino cuando llegue, después de mí no llego más nadie.

Esa noche se me descompuso el estómago y consideré no caminar al día siguiente, la hospitalera, una joven muy amable, me dio a tomar un té de poleo, más tarde fue a verme y me llevó un Aquarius, eso me mejoró un poco y permitió que luego pudiera comer frutas frescas cosechadas en el patio del hotel/albergue.

En la mañana amanecí mejor del estómago, la hospitalera me trajo algunas frutas y un té para el desayuno. Después de desayunar me sentí con fuerzas y decidí hacer el intento de continuar mi camino a Rionegro del Puente, tarea difícil porque la jornada era de 31 kilómetros. Aunque la primera parte del terreno era a poco desnivel, después de caminar alrededor de unos quince kilómetros había que subir durante unos diez kilómetros hasta justo antes de llegar a Rionegro del Puente.

Por suerte, esa mañana la temperatura había bajado, cuando salí estaba alrededor de unos 5 grados Celsius, ideal para caminar. En el Camino conocí a varios peregrinos y compartí con ellos parte de la etapa. Gran parte del camino era frondoso y tranquilo.

Después de esta larga etapa llegué a Rionegro del Puente, el albergue estaba desierto y crucé la calle para preguntar si tenían información, resultó que el restaurante era parte del hospedaje y me pude registrar. Allí conocí al Chef Teófilo, quien era amigo del dueño de una panadería del pueblo donde vivo en Puerto Rico, me invitó a tomar una copa de vino y más tarde me obsequio con un asado y más vino, luego llegaron los nuevos amigos que conocí en el camino y se unieron a nosotros, también apareció el matrimonio holandés. Comimos y celebramos hasta muy tarde, por lo que esa noche no pude lavar ropa, solamente me dio tiempo de tomar una ducha ligera y después ir a la cama. Lamentablemente, el pueblo estaba de fiesta esa noche y el bullicio me impidió conciliar el sueño, la música en vivo que auspiciaba la iglesia era transmitida por unos parlantes que quedaban frente al albergue, para colmo la música no paró hasta la 6:30 am.

Al día siguiente la etapa de Rionegro del Puente a Asturianos era de unos 27 kilómetros, el perfil de la etapa era la de un serrucho: subidas, seguidas por bajadas, luego subidas, para volver a bajar. Así transcurriría todo el camino hasta el final. Aunque el día amaneció frío, ya en la tarde, mientras caminaba, se tornó caluroso. Caminé por muchas horas y solamente me crucé con una persona, tres venados, varios conejos y un gato. Así llegué al final de la jornada ese día.

En Asturianos el albergue estaba solitario, aproveché para lavar ropa y descansar un poco. Más tarde me duché para ir a cenar, estaba muy cansado y, luego de la cena, regresé al albergue a dormir. No había dormido bien la noche antes y necesitaba descansar para la siguiente jornada que, desde Asturianos a Requejo, era de 28 kilómetros.

En la noche la temperatura había bajado a 2 grados Celsius y en la mañana el frío fue más notable que de costumbre. Ese día caminé toda la jornada sin ninguna compañía, tuve mucho tiempo para meditar y disfrutar del paisaje, marché a mi ritmo escuchando el zumbido del viento y los canticos de pájaros del camino. En Puebla de Sanabria paré a ver La iglesia de Nuestra Señora del Azogue y Las Murallas, más tarde, llegando a Requejo, se atravesó un toro en el camino, me pareció que quería embestirme y tuve que dar una vuelta por el monte para poder pasar y dejarle el camino libre, sin ninguna otra novedad llegué a Requejo a buscar un lugar para pernotar.

Después de asegurar el albergue, salí a la calle a cenar y conocer un poco de esta municipalidad, este era un pueblito muy pequeño y pintoresco, el cual solamente podía ofrecer al peregrino una breve parada para dormir y descansar antes de continuar el camino. Aquí pude ver las noticias internacionales y me enteré de que un huracán había causado destrozos a la isla de Puerto Rico, traté de comunicarme con mi familia, pero todo fue infructuoso, el huracán había dejado a la isla incomunicada.

En la mañana, después de desayunar y ver las noticias del huracán María, de nuevo traté de conseguir una conexión con mi familia, pero no lograba comunicación por ningún lado. Salí alrededor de las ocho treinta para Vilavella, en cada parada que tenía conexión Wi-Fi trataba de tener noticias de los estragos del huracán, el cuadro era desastroso y caminé todo el día preocupado.

Esta etapa era de 29 kilómetros y fue una muy interesante, en el camino me encontré con tres peregrinos alemanes y caminamos juntos un par de kilómetros por carretera. En Padormelo me detuve a tomar un café y mis amigos continuaron el camino, luego del descanso me tocó caminar solo el resto de la etapa. Después de dejar la carretera el camino se tornó pecaminoso, fue una subida muy empinada de un desnivel de 300 metros y una distancia de siete kilómetros en ascenso, para colmo el camino era de piedras, muchas de las cuales estaban sueltas y esto hacía que la subida fuera laboriosa; era como subir una escalera cuyos escalones estuviesen movedizos, se me hacía difícil el balance de una piedra a otra, y creo que pasé más tiempo gateando que caminando, todo esto sucedió bajo una llovizna constante. Así fue como, con mucho trabajo e insistencia, logre llegar a la cima. La vista que encontré hizo de aquella odisea una inolvidable, el panorama era impresionante y me paré en el tope del cerro a contemplar aquella hermosa vista por mucho tiempo.

Después de recobrar mi aliento y unir algunas fuerzas, continué mi camino admirando aquel hermoso valle, la vía transcurría por una ladera de frondosos árboles y la parte opuesta al barranco a mi izquierda tenía una pared de piedra a lo largo de la senda. Como era un camino de muchos árboles, la superficie estaba llena de hojarascas secas. Los únicos sonidos del bosque eran los de los pájaros trinando, el viento, el agua que corría abajo en el arroyo y mis pasos rompiendo la alfombra de hojas en el suelo. En el camino, aunque era seguro, salían a saludar los fantasmas que vivían solamente en mi mente, cuando creía escuchar a uno de ellos seguir mis pasos, me paraba a escuchar los sonidos y trataba de ver la aparición del espectro, pero todo era en vano, pues si me detenía a mirar en la dirección del lugar donde había "escuchado" el ruido, aquellas apariciones ya no estaban... Cosas del Camino. Pero no todo era producto de mi imaginación, cuando tuve un llamado de la Madre Naturaleza me paré debajo de un árbol a liberar fluidos y me percaté de que no estaba solo; abajo, en la barranca, muy cerca de un arroyo, me observaba una familia de jabalíes; me paralicé, no podía dar ni un paso, los jabalíes, al igual que yo, permanecían estáticos, al parecer ellos tenían tanto miedo de mí, como yo de ellos. Permanecimos allí por varios instantes estudiándonos y adivinando quién se atrevería a dar el primer paso.

En un café en el que paré, temprano en la mañana en Requejo, pregunté que si había jabalíes en el monte y me dijeron que sí, pregunte si eran peligrosos y me respondieron que no, pero que pueden serlos cuando se les invade su territorio o cuando tienen crías. Mis amigos tenían crías, además, había un verraco enorme, con largos caninos, dispuesto a defender a su familia. Aunque yo andaba en son de paz, estaba dispuesto a defender mi vida; en mi mente diseñé un plan de defensa, mis armas eran mi bordón, piedras del camino y la pared de piedra que había a mi izquierda, si fuese atacado me defendería con piedras hasta donde me fuera posible, si no lograba detener al macho, quien seguro sería el qué me atacaría, usaría mi bordón como una lanza, apoyaría la parte de atrás a la pared de piedra y la parte del frente apuntándolo para detenerlo justo antes de yo ser impactado.

Por suerte, después de varios minutos en que ambos nos observamos, yo me atreví a dar el primer paso, moví mi pie izquierdo y paré a ver que hacía aquel feroz animal, él se mantuvo quieto mirándome con ojos diabólicos, después de un instante moví mi pie derecho en la misma dirección que había movido el izquierdo, observé por un momento aquella fiera salvaje con ojos penetrantes respirar profundo, ninguno de los dos nos movimos por unos instantes, después de un tiempo me atreví a mover el pie izquierdo hacia el lado izquierdo y seguidamente moví el derecho en la misma dirección. Poco a poco seguí moviéndome, cautelosamente, hacia la izquierda hasta sentirme más cómodo conmigo y volteé mi cuerpo en dirección del camino adelante, con pasos lentos y cautelosos me fui alejando del lugar hasta sentirme cómodo y comencé a caminar con pasos acelerados. Quería irme del lugar lo más pronto posible, cuando estuve a una distancia prudente, me senté en una piedra a recuperarme del susto y a recobrar mi aliento.

Sentado allí, en la tranquilidad del bosque, ya no tan asustado, me pregunté que habría hecho si aquel enorme verraco me hubiese envestido, ¿me hubiese atrevido a ejecutar mi plan o el plan B hubiese sido mejor opción? El problema es que no tenía plan B y el tiempo que tenía para improvisar una salida era muy corto.

Continúe mi camino, más tarde me topé con un venado en el medio del camino que se detuvo a posar para que le tomara una foto con mi celular, luego corrió y se perdió en el monte.

Al llegar a Vilavella me informaron que habían cerrado el albergue y que el próximo quedaba a unos 12 kilómetros de distancia, pero yo estaba muy cansado para caminar esa distancia y opte por quedarme en un hotel/spa que había en el pueblo. Aunque pague 80 euros valió la pena, después de todo el sufrimiento que había tenido en los últimos días, este oasis en el medio de la nada era lo que necesitaba para revivir huesos adoloridos y cansados. El masaje, la piscina, y la cena fueron un lujo que no esperaba pero que tampoco rechacé.

Al día siguiente me fue difícil dejar esa cama tan cómoda y me levanté tarde para salir a caminar. Desayuné un exquisito plato en el hotel y, con mucho esfuerzo, pude desligarme de todo aquel lujo. La temperatura de 7 grados Celsius era ideal para caminar.

La etapa que me llevaría a A Gudiña no era tan dura como las anteriores y, aunque una de las pendientes presentaba un desafío, después de la etapa del día anterior ningún reto era un gran obstáculo, además, casi todo el camino era verde, con muy poco asfalto, ideal para andar. Mientras iba distraído en el bosque un conejo tropezó conmigo y casi morimos ambos del susto.

Los pequeños pueblos por los cuales pasé estaban desiertos, en todos ellos logré ver solamente un puñado de personas. Por lo demás, todo transcurrió sin novedad hasta llegar a A Gudiña, la pendiente en este litoral logró hacer desaparecer la monotonía del camino. Llegué al albergue temprano y aproveché para lavar, más tarde, después de ducharme, salí a comer algo, en el restaurante me encontré a Jan y su esposa Cornelia, con quienes compartí un rato. Más tarde regresé al albergue a descansar para estar fresco en la jornada del próximo día a Laza.

Habiendo descansado bien, a la mañana siguiente salí muy temprano, todavía estaba oscuro. La etapa de ese día era de 37 kilómetros y el perfil de la jornada, aunque montañosa, no prometía grandes retos, pues había poco desnivel y los últimos siete kilómetros eran bajando, esta última parte fue la más difícil.

A la salida del pueblo me encontré a un criador que se dirigía a su granja para atender su ganado, mientras alumbraba el camino con una linterna conversamos un poco, después de caminar un par de kilómetros, él tomó un camino secundario para llegar a su granja y yo quedé en mi camino a oscuras. Usé la luz de mi teléfono celular, pero no era suficiente para ver bien y terminé perdido. Después de una media hora, ya con un poco de luz, encontré de nuevo el camino a Laza. En la montaña me topé con tres venados que, cuando me vieron, comenzaron a correr despavoridamente. Mas adelante, en una carretera del bosque cubierta por la hojarasca, encontré a cinco perros salvajes tirados en el medio de la vía, me detuve a una distancia prudente para observar su comportamiento, pero ellos permanecieron allí en el medio del camino empeñados en no dejarme pasar; tuve mucho miedo porque eran de gran tamaño y, más que perros, parecían cinco caballos, aunque eran animales realengos, parecían muy bien alimentados. Por mucho tiempo mantuve mi distancia, esperando a ver si venía un vehículo que los asustara y me dejaran pasar, pero la carretera no era muy transitada y tuve que esperar hasta que, por fin, decidieron levantarse y correr ladera abajo internándose en el bosque. Con mucha precaución y miedo continúe mi camino hasta llegar a Laza.

Exhausto por el recorrido, me fui directo al albergue y allí tuve noticias de mi familia, el huracán había causado destrozos en toda la isla, pero mis familiares estaban bien y los daños a la propiedad eran menores; aunque no tenían agua potable ni luz, habían almacenado suficientes alimentos y agua para varios días. Se estaban quedando con un familiar que tenía una casa muy amplia y lo básico para las necesidades de la emergencia. Saber que mis allegados estaban bien me tranquilizó un poco, pero el cuadro devastador que presentaba la isla me desanimó. No tuve ganas de salir esa noche y después de ducharme me metí en la cama a descansar hasta el próximo día.

Salí a las 8:00 am con una temperatura agradable de 15 grados Celsius. La jornada era larga, de unos 34 kilómetros, pero el verdor del monte Requeixada hacía de esta etapa una muy placentera. Los primeros siete kilómetros de Laza a Tamicelas eran de poco desnivel, pero de Tamicelas en adelante había una pendiente de 8 kilómetros con un desnivel de aproximadamente 550 metros; la subida estuvo brutal, pero la belleza del paisaje hacía que la jornada fuera más llevadera. Aunque de pocos kilómetros, la bajada hasta Bilar de Vario fue mucho más dura que la subida, de ahí en adelante hasta, poco antes de llegar a Xunqueira hubo poco desnivel en el camino, sin embargo, los últimos tres kilómetros para llegar a Xunqueira consistían en una bestial bajada; por suerte, esta parte final del trayecto la caminé en compañía de John y Christine, una exquisita pareja de escoceses. Esta etapa del Camino probó ser una muy dura, de esas que perduran en nuestra memoria y no se borra fácilmente.

Por recomendación de John y Christine me alojé en Casa Tomás, un albergue privado que resultó ser una delicia; mi estropeado cuerpo agradeció el agasajo. Después de una ducha, bajé a cenar y conocer un poco de Xunqueira para después ir a descansar. Cuando regresé al hospedaje, luego de enterarme de las últimas noticias sobre la situación en la isla post huracán María, me fui a dormir. Por el cansancio que tenía y la comodidad de la cama, dormí muy bien esa noche.

En la mañana me levanté con mucha energía, dispuesto a caminar los 23 kilómetros que tenía programados para ese día. Mi camino me llevaba a Ourense en esta próxima etapa. Salí alrededor de las 8:00 am en compañía de John, Christine, y amigos de Bélgica. Gran parte del camino era bajando hasta llegar a Ourense. En A Castellana, después de parar a descansar, mis amigos decidieron quedarse por más tiempo y yo continúe solo por un rato más, luego, en el trayecto, encontré a un peregrino danés de nombre Raimo, quien tenía todas sus pertenecías en una carretilla de dos ruedas en lugar de una mochila; me contó que hacía algún tiempo había tenido un accidente y le era imposible cargar una mochila en su espalda, sin embargo, se había adaptado muy bien a la carretilla y caminaba muy rápido, sin mayor dificultad. Así fue como, en compañía de este nuevo amigo, completé la jornada de ese día.

Debido a que la etapa de Xunqueira a Ourense era corta, de 23 kilómetros, llegué temprano a mi destino. La ciudad de Ourense es muy grande y agradable, es capital de la provincia del mismo nombre, tiene una población de más de 100,000 habitantes y muchas cosas que ver.

Después de asegurar mi alojamiento y ducharme, me fui a cenar y visitar lo que pude en el poco tiempo que tenía; como el periodo para estar en la ciudad era corto, solo pude ver una fracción de lo que esta bella capital amerita, sin embargo, no quise dejar la ciudad sin visitar la Catedral de San Martiño, La Iglesia de San Francisco y el Museo Arqueológico Provincial. Esta es una de esas pocas ocasiones en las que me hubiese gustado ser un turista en una de esas grandes ciudades, tener tiempo y dinero suficiente para ver y hacer todo lo que se me antojara, sin embargo, mi misión era diferente en esta hermosa ciudad.

Por otra parte, John y Christine decidieron terminar el Camino en este lugar: Christine regresó a Copenhague porque tenía que trabajar; John, en cambio, viajó a Ferrol para hacer el

Camino Inglés. Más adelante, cuando Christine pudiera ausentarse de su trabajo, regresaría para que, junto a John, retomaran el Camino donde lo habían dejado y completaran su meta de llegar a Santiago de Compostela.

Con mucha pena abandoné la gran metrópoli para emprender mi nueva encomienda; dejé el albergue cuando aún estaba oscuro, apenas eran las siete y treinta de la mañana. La ciudad era grande y me fue difícil encontrar el camino que va a Santiago, en varias ocasiones tuve que preguntar, hasta que por fin llegué a una calle donde el camino estaba señalizado. Esta etapa, aunque de solamente 24 kilómetros, por sus muchos obstáculos, era una sumamente difícil. Desde la salida de Ourense, comenzaba a subir y casi no paraba hasta llegar a Cea.

En la ruta me encontré con mi amigo Raimo, el escoses, quien había parado a merendar; le acompañé e intercambiamos meriendas antes de que yo retomara el camino. Aunque después del corto descanso, nos despedimos, volvimos a coincidir en varios puntos del Camino, y, más adelante, en algunos albergues. Por lo general él, mis amigos de Bélgica y yo terminábamos en el mismo albergue.

La etapa de este día no era notable únicamente por sus múltiples ascensos, sino que también teníamos que compartir el camino con el tránsito local y la carretera nacional. Mi compañía en esta etapa eran la monotonía, múltiples subidas, asfalto y un sin números de conejos silvestres; así fue como muy temprano en la tarde completé mi jornada y llegué a Cea. Antes de llegar al albergue paré a tomar un vino y disfrutar del famoso pan de Cea. Al llegar al hospedaje no estaba el hospitalero, pero acomodé mis cosas en una litera para luego lavar y tomar una ducha, después me tiré en la cama a descansar y esperar por el encargado del lugar para registrarme y salir a la calle a conocer los alrededores.

En el restaurante me encontré a Jan y Cornelia, cenamos juntos y después fuimos a comer más pan y tomar un refrigerio. En un café encontramos a Raimo, quien nos acompañó a dar un paseo por el pueblo. Alrededor de las 9:00 pm regresamos todos al albergue. Había que descansar para estar frescos en la mañana.

La etapa de este nuevo día me llevaría a Castro Dozón y era mayormente subiendo en forma de serrucho. Salí alrededor de las 8:00 am en compañía de los amigos de Bélgica, opté por la ruta larga para así visitar uno de los íconos del camino: el monasterio de Santa María la Real de Oseira. El esfuerzo adicional que hice caminando para llegar al convento valió la pena, esta belleza arquitectónica, que data del siglo XI o XII era una estructura imponente clavada en la falda de una montaña; para recaudar fondos y mantener sus operaciones elaboran su propio licor, hecho de eucalipto con una fórmula secreta, y confeccionan su propia cerveza. Ambos destilados eran un deleite al paladar.

Cuando terminé el recorrido al convento mis amigos ya se habían ido. Me impresioné tanto con el monasterio, y sus licores, que opté por quedarme durante largo tiempo, visitando muchas de sus facilidades. Después de la parada, caminé solo el resto de la etapa; por el largo descanso y los destilados consumidos, el regreso al camino se hizo pesado, para colmo las subidas y bajadas del resto de la etapa, hasta Castro Dozón, contribuyeron a que esta jornada fuera una algo difícil.

En la tarde, un poco cansado y sediento, llegué a mi destino. Antes de llegar al albergue, entré a un café para comer un bocado y tomar un vino. Cuando llegué al hospedaje, después de registrarme y cumplir con las tareas del día, me fui directo a la cama. El cansancio no me permitía hacer otra cosa.

En la mañana, cuando me levanté, ya estaba recuperado y listo para caminar los 29 kilómetros hasta Silleda. Cuando comencé a caminar hacía un poco de frío, pero el día se presentaba claro y agradable, ya en la tarde había entrado en calor y el camino, aún con sus constantes pendientes, se hizo muy placentero. Mi amigo Raimo me acompañó en esta parte de la etapa, caminamos por mucho tiempo he hicimos pocas paradas. Sin ninguna novedad, muy fácilmente llegamos a nuestro destino poco después de las 2:00 pm. Al llegar a Silleda me ví obligado a tomar un albergue privado por el cual pagué quince euros, algo fuera de mi presupuesto, porque no había mucho para escoger. Después de descansar un poco en el alojamiento, salí a la calle a conocer y compartir con otros peregrinos. Cuando regresé al albergue me fui de inmediato a la cama. El próximo día ya me acercaba a la puerta de Santiago de Compostela.

La salida en la mañana para mi próxima misión fue un poco tarde, fui a desayunar a las 8:30 am y luego salí a andar. Hacía frío y el camino lo recorrí solo todo el tiempo. Aunque con sentimientos encontrados esta fue una etapa muy bonita.

La angustia de saber que mis familiares y la isla estaban sufriendo por el azote de un huracán categoría 5 nublaba mi mente constantemente, a esto se añadía la ansiedad que sentía por estarme ya acercando a Santiago de Compostela. Todas estas cosas me drenaron y mi nivel de energía estaba muy bajo. Me sentí cansado y en lugar de llegar a Outeiro como tenía programado, opté por pernoctar en Puente Ulla, allí conseguí un albergue privado muy bonito por quince euros, fue caro, pero realmente no tenía ánimo para seguir caminando. Después de ducharme y cenar me metí en la cama, estaba muy cansado y el próximo día era uno muy importante... Mi llegada a Santiago de Compostela.

Salí tarde la mañana de esta última jornada, la etapa era corta y me podía dar el lujo de dormir un poco más que lo acostumbrado. Ese día, cuando salí rumbo a Santiago de Compostela, hacía un poco de frío, sin embargo, la temperatura estuvo agradable en la tarde. Aunque en este último tramo la ruta estaba concurrida, caminé solo hasta llegar a Santiago de Compostela. En esta época Santiago estaba saturado de peregrinos y las habitaciones eran escasas, anticipando esta situación me había dado a la tarea de reservar una habitación una semana antes. Yo quería una habitación privada y tener el lujo de darme un baño con agua caliente, esa sería mi recompensa al final del camino, sin embargo, por error hice la reservación para octubre en lugar de septiembre, fue así como al llegar a Santiago de Compostela descubrí que no tenía reservación y era imposible encontrar una habitación en toda la ciudad. Por suerte, al llegar al hostal donde había reservado, me encontré con Salvador, quien era dueño del hostal, y resultó ser mi salvador. Aunque era mediodía y había comenzado la hora de la siesta, la puerta del café, que quedaba en el hostal, estaba medio abierta. Salvador, al ver mi rostro de cansancio, me invitó a pasar, después de aclarar el asunto de mi error al reservar trató infructuosamente de conseguirme una habitación en algún otro albergue; me invitó a tomar un vino mientras descansaba antes de que continuara mi búsqueda de hospedaje por la ciudad. Para mi fortuna, mientras estábamos disfrutando de un tinto de la Rioja, recibió una llamada donde cancelaban una habitación triple que tenían reservada. El costo de la habitación era de sesenta euros y me dijo que si me interesaba me la dejaba en cuarenta, por supuesto, yo acepté la generosa oferta. Resultó que la habitación, bastante amplia, con tres camas, era muy lujosa. Este es el tipo de agasajo que uno espera tener después de una memorable aventura.

Lujosamente, ese día lavé mi ropa en máquinas en lugar de a mano, como estaba acostumbrado, me duché y descansé un poco para llegar a la Catedral para luego recoger mi Compostela. Al entrar al área de la Catedral di la vuelta a la Plaza de la platería y entré a la Plaza del Obradoiro, me invadió la emoción de encontrarme en aquel magnífico lugar y ver tantos peregrinos que, como yo, llenos de júbilo celebraban la conquista de otro camino. La plaza de Obradoiro, como de costumbre, estaba llena de peregrinos, muchos de ellos habían venido de partes muy lejanas del planeta, para disfrutar y aprender de las enseñanzas del Camino. Allí saludé y abracé a varios amigos que había conocido en el Camino, dos de ellos, Gilbert y Mariska, me invitaron a tomar un vino para celebrar nuestra llegada, yo no pude aceptar la invitación porque quería recoger la Compostela y eso iba a tardar, sin embargo, acordamos vernos más tarde para cenar en uno de mis restaurantes favoritos de Santiago. Dos horas y media más tarde, y con mi Compostela ya asegurada, pasé por el Restaurante San Clemente para ver a mis amigos peregrinos. Además de Gilbert y Mariska habían otros compañeros del camino, juntos cenamos y celebramos hasta muy tarde.

Al día siguiente fui a la Misa del Peregrino y me encontré con Jan y Cornelia, nos abrazamos y saludamos efusivamente. Era domingo y, después de los actos protocolares, llegó el momento que a mí me emocionaba mucho, la parte ceremonial más impresionante: la ceremonia del Botafumeiro. Durante la Misa del Peregrino, cada domingo se acostumbraba a usar el gigantesco incensario para perfumar la catedral, hoy no era la excepción, y los allí presentes pudimos disfrutar de aquel maravilloso espectáculo. Después de misa me fui a cenar con Jan y Cornelia, aunque hubo jubilo en la cena/celebración, también había un ambiente de tristeza. Mis amigos volvían a casa y teníamos que despedirnos, fue con mucho pesar y desconsuelo que, en un largo abrazo y con los ojos húmedos, nos dijimos adiós.

A Raimo lo pude ver en algún lugar en la Catedral, sin embargo, al terminar la misa se perdió en la muchedumbre y no logré verlo más; esta fue una "pérdida" lamentable, porque, por lo general, es en estas despedidas que intercambiamos direcciones y números de teléfono, pero con Raimo no pude hacer eso; sin embargo, las experiencias, las enseñanzas y las lecciones que vivimos juntos en el Camino, las cuales marcaron nuestras vidas, quedarán siempre vivas en nuestros recuerdos.

Ya en la tarde, Santiago de Compostela vibraba de energía con la llegada de cientos de peregrinos nuevos que arribaban por diferentes caminos. Mis amigos peregrinos, sin embargo, ya habían regresado a casa y yo, sin ellos, quedé huérfano en aquel mar de gente.

Lamentablemente, yo no podía regresar a casa, un huracán había cambiado mis planes. Poco a poco, Puerto Rico iba restaurándose, pero la situación era precaria y tomaría mucho tiempo una total restauración, había mucho sufrimiento y el cuadro de la isla era uno de angustia, todavía había mucho camino que recorrer. Aunque habían vuelos domésticos hacia Puerto Rico, la isla todavía no estaba recibiendo vuelos internacionales; bajo estas condiciones me ví obligado a exiliarme con mi familia en Miami, quienes con mucho gusto me dieron la bienvenida y aceptaron mi larga estadía. Si me lo hubiese propuesto podría haber regresado a mi tierra poco después de viajar a Miami, sin embargo, habría sido una carga para la gente que sufría día a día las penurias de un gran desastre, hubiese sido una boca más que alimentar, uno más en la fila del supermercado, la estación de gasolina, la fila para recibir el agua, etc. En aquellos momentos, como mejor contribuía al bienestar de la isla era manteniéndome fuera de ella. Cuando me fue posible regresé a mi patria, pero me la habían cambiado.

Capitulo VIII: El Camino del Norte

Para el mes de septiembre del año 2018, después de ver a mi isla rumbo a la recuperación, regresé al Camino, esta vez escogí la ruta de la que tanto dicen los peregrinos experimentados que "no es un paseíto". El Camino, aunque es uno de los más arduos, está lleno de mucha belleza y encanto. El hecho de que El Camino del Norte recorre la costa del norte de España y pase por hermosos lugares como lo son el Mar Cantábrico, Donostia, Bilbao, Santander, Santillana del Mar, entre otros, añaden al Camino razones para recorrer esta preciosa ruta.

A principios de septiembre ya me encontraba en Irún, en la divisoria de España y Francia, para comenzar esta nueva aventura. Viajé toda la noche en avión, esperé cuatro horas para abordar un tren y, después de escuchar su chu chu por seis horas, finalmente me encontraba donde comienza el Camino del Norte.

Mi llegada al hostal que había reservado fue alrededor de las diez de la noche y no me dio tiempo para hacer mucho. Estaba programado para caminar al día siguiente y solo pude darme una ducha y "cenar" un poco de pan, queso y vino para luego ir a la cama.

Me levanté temprano a la mañana siguiente, con la intranquilidad e incertidumbre que siempre se experimenta en la primera etapa del camino. En esta primera jornada caminaría unos 29 kilómetros y me llevaría a Donostia, como se conoce en la lengua euskera (vasca), o San Sebastián, como la conocen los españoles. Al final del Camino habría acumulado alrededor de 850 kilómetros recorridos en unos 30 días. Me sentía listo para caminar, pero esto habría que verlo más tarde, recordaba ese primer paso del cual hablan los chinos cuando citan a Laozi, este camino de muchos kilómetros comenzaba con ese primer paso, que fue cuando tomé la decisión de hacer el Camino del Norte, ahora tenía que comenzar a andar para, con mucho esfuerzo y algo de suerte, poder estar en los alrededores de Santiago de Compostela a principios del mes de octubre.

A veces me preguntaba por qué una persona en su sano juicio decide cometer semejante locura y se expone a 30 días de constante sufrimiento; dicen los sabios del Camino que se peregrina por razones personales, espirituales, religiosas, curiosidad y mil otras razones más, todas estas son excusas válidas para racionalizar la presencia de peregrinos en el Camino y querer regresar año tras año, pero hay una cosa que es muy cierta y que nos ayuda a entender por qué hacemos esta locura... EL CAMINO TIENE MAGIA. Como me dijo un sabio amigo, peregrino de Bilbao a quien conocí mientras hacía el Camino Francés dos años antes y quien decidió apoyarme en este recorrido caminando varias de las primeras etapas conmigo, "el Camino te pilla". Uno puede percatarse que ha sido atrapado porque antes de llegar a Santiago y terminar el Camino ya comenzado se empieza a planificar el próximo. Por ahora mi mente, cuerpo y alma estarían ocupados con los retos que presentaría el Camino del Norte durante los siguientes días, para algunos es un poco difícil de entender, pero sé que iba a disfrutar esta próxima hazaña.

Temprano en la mañana del día 7 de septiembre del 2018, me encontré con mi amigo Juan, quien me había llamado para encontrarnos en el lobby del hostal; este estaba acompañado de Asier, su hijo más pequeño, quien, junto a su padre, había hecho el recorrido desde Bilbao para unirse a mí y poder comenzar el Camino en Irún. Después de saludar a Juan efusivamente y conocer a su hijo, acordamos ir a desayunar en un café cerca al hostal. Una hora más tarde Juan y yo cruzábamos el Rio Bidasoa por el Puente de Santiago que divide a Francia de España. En el kilómetro 0 de la línea divisoria entre Francia y España, oficialmente comenzábamos a caminar la primera etapa del Camino del Norte.

Por la forma de caminar, la alegría y el entusiasmo que teníamos parecíamos chiquillos con juguetes nuevos. El paisaje se hacía más bonito y placentero a medida que la urbe quedaba atrás, cada vez se tornaba más verde; los alegres trinos de los pájaros nos acompañaban en la travesía, sin embargo, la dificultad del camino también comenzaba a hacerse evidente, el primer gran reto se presentó unos cuatro kilómetros después de dejar el casco de la ciudad, para llegar al Santuario de Guadalupe había un desnivel de 200 metros, esto era solo el comienzo de muchos otros desafíos que empezaban a marcar el perfil de nuestra ruta.

Después del primer descanso en el Santuario de Guadalupe, continuamos la ruta sin mayor novedad. Ya habíamos caminado alrededor de 17 kilómetros, con mucha dificultad, cuando tuvimos que enfrentarnos a la bajada para llegar a Pasajes de San Juan, había que bajar unos 200 metros por asfalto lleno de gravilla suelta en una empinada muy pronunciada; después de haber descendido unos 100 metros resbalé en la gravilla y me detuve en seco sobre el asfalto, pensé que me había roto algún hueso y me quedé tirado en el pavimento mientras Juan permanecía por un instante sin saber que hacer. Estuve tirado en el suelo por varios minutos mientras me iba acostumbrando al dolor que sentía en la rodilla izquierda y la mano derecha; allí tirado lo único que pensaba era que este sería el final de mi Camino del Norte. Permanecí tendido en el pavimento por varios minutos más hasta que, poco a poco, con la ayuda de Juan, me pude incorporar; trate dé dar un paso, pero tenía mucho dolor y se me hacía difícil mover mis piernas, la pendiente era muy peligrosa y yo no quería arriesgarme a caer de nuevo. Eventualmente me armé de valor y, con la ayuda de mi bordón, pude dar varios pasos cortos; poco a poco fui ganando confianza y, con mucho esfuerzo, pude llegar al Pasajes de San Juan, donde teníamos que abordar una barca que nos cruzaría hasta el barrio de Pasajes de San Pedro. Antes de cruzar a San Pedro, sin embargo, nos sentamos en un café de la comunidad de Pasajes de San Juan para recuperarme de mi caída, almorzar algo y tomar una cerveza. Permanecimos frente al puerto charlando y esperando a que las cervezas tuvieran su efecto analgésico, al parecer resultó, porque poco después del medio día estábamos cruzando el pasaje en una barca de nombre Miren y Josune para alcanzar las proximidades de la comunidad de Pasajes San Pedro y continuar nuestra marcha rumbo a Donostia.

Caminamos un par de kilómetros sin dificultad hasta llegar a las "interminables escaleras" que teníamos que subir para llegar al camino del Faro de la Plata; cuando terminamos de subir las empinadas escaleras suspiré hondo, sintiendo alivio al pensar que la parte difícil había quedado atrás, sin embargo, la ruta se hacía más desafiante y no parábamos de subir. Más adelante, a Juan le tocó el turno de caer, pero lo único lesionado fue su orgullo. Después de algunos otros tropiezos menores, llegamos a la Playa de La Concha en Donostia; caminamos alrededor de la Bahía de la Concha hasta llegar al albergue Pake Maitasun que mi amigo había reservado.

En el Camino del Norte, diferente a otros caminos, no existen muchos albergues, la cantidad de peregrinos es menos concurrida que en otros caminos y, por ende, hay menos facilidades dirigidas a servir al peregrino. Donostia, y gran parte del Camino del Norte, se nutre del turismo en ciertas épocas del año, por eso es que las pocas facilidades que se pueden encontrar en este Camino son limitadas y muy costosas. La época que nosotros escogimos para hacer el Camino era temporada baja y los turistas no abundaban, en esta época algunas de las facilidades destinadas para turistas tenían poca demanda y, para abaratar costos, los dueños de estas facilidades optaban por alquilarlas a peregrinos por un precio más módico que a los visitantes de temporada regular; Juan tenía conocimiento de esto y le sacaba ventaja cuando hacía las reservaciones. No es lo que sabes sino, más bien, conocer a alguien que sabe.

Después de ducharnos, salimos a cenar y conocer un poco los alrededores. Una ventaja que hay entre casi todos los albergues del Camino del Norte a comparación de los albergues en otros caminos es que aquí no hay restricción y se puede regresar al hospedaje a cualquier hora sin temor a encontrar la puerta de entrada cerrada, esto da más libertad, así que podíamos quedarnos por más tiempo conociendo y celebrando. Ese día teníamos mucho que celebrar, esta memorable etapa del primer día ameritaba que hiciéramos un desarreglo, pero al día siguiente teníamos una jornada de 25 kilómetros, de manera que la celebración esa noche resultó ser muy corta.

Nos levantamos temprano para emprender el camino que nos llevaría a Getaria y comenzamos la etapa subiendo unos 12 kilómetros hasta alcanzar Munioetazar, a una altura de 300 metros sobre el nivel del mar; después bajábamos vertiginosamente hasta llegar a Orio, para entonces habíamos bajado a unos 25 metros sobre el nivel del mar. Las subidas y las bajadas, especialmente el descenso a Orio, eran descomunales, sin embargo, las vistas de la desembocadura de San Sebastián hacían que el esfuerzo valiera la pena. Subimos entre viñedos hasta Zarautz y caminamos por toda la orilla del mar hasta llegar a Guetaria; la etapa transcurrió, aunque con mucho esfuerzo, sin mayores contratiempos hasta llegar a nuestro destino, donde mi amigo había reservado en el albergué Kampaia. Después de ducharnos salimos a cenar a un restaurante cerca del puerto, más tarde hicimos un recorrido por la vecindad y visitamos un par de cafés, comenzó a llover y regresamos al albergue a descansar. Al otro día nuestro recorrido nos llevaba a Deba.

Cuando llegamos al albergue se presentó un peregrino con un perro que venía caminando desde Fuenterrabía, cerca de Hendaya, Francia, como el albergue no permitía perros al joven peregrino y a su perro les tocó, bajo aquella lluvia, acampar un poco más adelante del alojamiento.

En la mañana, temprano, después de desayunar, nos despedimos de Getaria y pusimos rumbo a Deba, que estaba a unos 26 kilómetros de distancia. La ruta era una muy hermosa con vistas del Mar Cantábrico, llegamos al mar por Zumaia, donde hay un acantilado kárstico, a este lugar, dice Juan, llegan muchos geólogos a estudiar el origen de la zona.

Fue en esta jornada en la que conocimos a una joven peregrina oriunda de Alemania y quien llevaba por nombre Debra Holmes; esta nueva amiga tenía mucha energía y, aunque estuvo caminando varias etapas con una rodilla lastimada, se mantuvo al mismo paso que Juan y yo durante todo el recorrido. La nueva integrante del grupo estuvo con nosotros durante varias etapas del Camino, Juan tuvo la suerte de que Debra hablaba un poco de español, así podían mantener una conversación durante las rutas, sin embargo, la joven alemana dominaba el inglés mucho mejor que el castellano y era el idioma que usaba cuando nosotros dos teníamos alguna conversación; mi amigo peregrino saco ventaja de esto y aprendió algunas palabra en inglés.

El Camino del Norte desde el primer día había dado señales de su fama de camino pecaminoso, esta etapa no era la excepción, comenzamos la jornada en un subir y bajar en forma de serrucho que no paró hasta llegar a un kilómetro después de pasar el poblado de Itziar; alcanzando unos 300 metros sobre el nivel del mar, nos esperaba una bajada vertiginosa hasta llegar a Deba, que se encontraba a unos 25 metros sobre el nivel del mar; así fue como, en un sube y baja, después de caminar 26 kilómetros, llegamos a Deba cansados y fatigados.

Llegando, caminamos como dos kilómetros más para buscar acomodo en una asociación de servicio a la comunidad, sus facilidades eran muy amplias y se podía acomodar a unos 50 peregrinos. El hospedaje, al parecer, era muy popular, ya que allí encontramos a la mayor parte de los peregrinos que formaban la ola de ese día. No tenían una cuota por pernoctar, el cobro era ad libitum y esto incluía cena y desayuno. La comida fue muy sabrosa y se nos sirvió en una mesa larga donde habían alrededor de 30 comensales, antes de cenar se nos dio la oportunidad de presentarnos formalmente y hablar un poco de quienes éramos y de donde veníamos; después de cenar, la sobremesa estuvo muy animada y fuimos introducidos a algunos peregrinos que todavía no habíamos conocido.

Cenando en Deba con otros peregrinos y vista de Debra, Juan, y yo con el Cantábrico al fondo

Como estas facilidades quedaban a un par de kilómetros del poblado decidimos pasar la tarde en el campus del hospedaje, la temperatura estaba muy agradable y, después de lavar ropa, nos tiramos en la grama a conversar con los nuevos amigos.

En la mañana, antes de despedirnos, nos prepararon un suculento desayuno de productos cosechados en las facilidades de la asociación; la sociedad operaba con voluntarios provenientes de todo el mundo, esa mañana despedían a uno de ellos y el desayuno estuvo muy ameno, hubo elogios y vítores para Carlos, quien, después de ofrecer sus servicios a la colectividad por dos meses, regresaba a su natal Colombia. Nos despedimos de cada uno de los miembros que se encontraban con nosotros en el desayuno. Se estaba haciendo tarde y teníamos que emprender de nuevo el camino.

La próxima etapa, de 29 kilómetros, resultó ser una verdadera rompepiernas, sus constantes subidas y bajadas eran solamente aliviadas por lo hermoso de los paisajes de Vizcaya y el aire puro de las montañas Vascas; otra hermosura de la ruta era la ermita de San Pedro, aquí habían tres monolitos que tenían unos cuatro millones de años de antigüedad, desde ella se podía ver la escalera que da al Monasterio de Zenarruza. Nos paramos a descansar en el convento y conocimos a Giovanna, una Italiana de poca estatura que cargaba una mochila muy grande, esta energética joven tenía una forma muy peculiar de avanzar en la ruta, caminaba por unos minutos y luego corría de un lado del camino para el otro cantando y bailando. Giovanna iba acompañada de José Ignacio Gil, oriundo de Bilbao y Víctor, amigo de Ignacio, oriundo de Santander, quien caminaba un poco más lento, pero trataba de mantener el ritmo del grupo; además los acompañaba una joven pareja, Noemi, de Santander, y Adams, de Hungría. Los cinco se conocieron unos días antes y habían cimentado este pequeño grupo a través de las diferentes etapas.

Nosotros seguimos el Camino a un paso un poco más lento, subiendo y bajando aquellas desafiantes cuestas. Parecía que cada una de las etapas caminadas hasta el momento estaban en competencia para ver cuál era la más extenuante, me preguntaba cuando iría a parar aquel ritmo de pendientes que parecían ir en crescendo con cada etapa. Casi llegando a nuestro destino creí desmayarme y terminé tirándome en la hierba mojada, luego de este forzado descanso continuamos ascendiendo y bajando por unos kilómetros más. Tras mucho esfuerzo y sufrimiento, finalmente, cansados, hambrientos, sedientos y extenuados, llegamos a Bolívar.

Aunque Simón José Antonio de la Santísima Trinidad Bolívar y Palacios Ponte-Andrade y Blanco, mejor conocido por Simón Bolívar, nació en Caracas, Venezuela, este pequeño pueblo rinde tributo al Libertador. El pueblo, en el cual se cree que vivieron los antepasados de Bolívar, tiene un museo dedicado a la vida de Simón Bolívar, la visita al museo fue una relámpago. Sumamente cansados teníamos que registrarnos en el albergue para tratar de dormir unas horas, Juan había hecho una reservación en un albergue muy pequeño pero acogedor y, después de ducharnos, fuimos a descansar, no había tiempo para más. Al día siguiente teníamos una jornada de 30 kilómetros y la cama no parecía una mala idea.

Temprano en la mañana salimos los tres para Alto de Morga, el camino era uno boscoso y muy bonito, pero, como todos los que hasta ahora habíamos conocido, era un rompepiernas, había subidas y bajadas sumamente difíciles que dejaban al más experto sin aliento, entre ellas se puede destacar la monumental subida al alto de Mamiz, para luego, en forma descomunal, bajar a Gernika, aunque el desnivel es de solamente unos 100 metros la pequeña cuesta se deja sentir.

Toda la etapa fue un constante subir y bajar, teníamos que parar en los cafés de la ruta a tomar aliento y recuperarnos del atropello recibido durante la jornada.

Gernika ameritaba hacer una parada más larga que las que normalmente hacíamos, la ciudad que recibió el bombardeo de Alemania el 26 de abril del 1937 y que fue motivo para que Pablo Picasso plasmara una de sus grandes obras, merecía una atención especial. Yo, particularmente, disfruté las visitas a la iglesia Santa María y la Casa de Juntas, con su histórico árbol de Gernika y su simbolismo para los vizcaínos.

Después de dejar Gernika teníamos una de las más duras pendientes en todo el recorrido, la subida al alto de Morga tenía unos 230 metros de desnivel y fue despiadada. Así fue como, muy tarde y muy cansados, pudimos llegar a Morga. Antes de llegar al albergue que Juan había reservado, paramos en un café a tomar una cerveza y recuperar las fuerzas, después de llegar al albergue y cumplir con los quehaceres de fin de jornada, nos quedamos en el alojamiento; no había mucho que hacer en Morga y, de todas formas, el cansancio no nos hubiera permitido hacer gran cosa; más tarde nos reunimos un rato a conversar y luego nos tomamos un tiempo libre a solas para poder digerir todo lo que había acontecido ese día. Fuimos a la cama con grandes expectativas de lo que nos esperaba el próximo día, llegaríamos al vecindario de Juan y él estaba muy contento porque íbamos a conocer el pueblo que le vio nacer.

Al día siguiente, milagrosamente, el cansancio y los dolores que nos había ocasionado aquella despiadada etapa habían desaparecido, con las fuerzas renovadas nos dispusimos a caminar los 22 kilómetros que nos llevarían a Bilbao. Después de un rico desayuno fuimos viendo como Morga quedaba atrás conforme nos entrábamos al camino que nos conducía a la pequeña gran ciudad de Bilbao. En esta corta etapa solamente se nos presentó un mayor obstáculo, el Monte Avril, cuyo desnivel era de unos 250 metros. Desde lo alto de la pendiente la ciudad comenzaba a dejarse ver. La cuesta era una muy respetable, pero el ascenso era gradual; de todas formas, está pendiente no se podía comparar con las violentas empinadas de días pasados, ¿o sería que ya me estaba acostumbrando a lo despiadado de aquellas cuestas y a lo complicado del Camino? Es difícil de entender, pero nosotros tres disfrutábamos aquella agonía por la cual estábamos pasando; a mi juicio, otros peregrinos con los cuales compartíamos el Camino también disfrutaban del reto que presentaba esta maravilla conocida como el Camino del Norte.

La etapa hasta Bilbao se me hizo sumamente corta, luego de alcanzar el Monte Avril, los siguientes 8 kilómetros hasta llegar a la ciudad fueron bajando.

Era temprano y fuimos por tapas y vino para celebrar la llegada a la ciudad de nuestro amigo, más tarde arribamos al albergue y, después de darnos el lujo de lavar ropa en máquinas y ducharnos, descansamos para ir a conocer un poco de la ciudad. Esa noche no frecuentamos mucho, pero no importaba porque había tiempo, Juan quería mostrarnos la ciudad y tenía planeado que estuviéramos dos días más para poder conocer, a su juicio, lo más importante de Bilbao y sus alrededores.

El próximo día fue el gran recorrido de la ciudad de Bilbao, desde muy temprano, después de desayunar, nos dimos a la tarea de conocer bellos lugares de aquella hermosa y moderna ciudad. Casi todo el recorrido fue a pie, en tranvía, por escaleras eléctricas y ascensores que suben al transeúnte desde la porción baja de la ciudad hasta la parte panorámica en lo alto de la pequeña metrópoli, desde allí se puede ver toda la urbe que comprende los límites de Bilbao. Visitamos Deusto, Uribarri, el Casco Viejo y La Peña, también tuvimos la oportunidad de pasar por Zorroza y el Ensanche. Pudimos disfrutar de su gastronomía cerca a la Gran Vía; en el arenal y 7 Calles disfrutamos un excelente vino de La Rioja. Hicimos un gran recorrido de esta hermosa ciudad y de sus alrededores. Exhaustos, después de cenar fuimos al albergue, donde, después de conversar por un rato, nos retiramos a dormir hasta el otro día.

Al día siguiente nos recogió Jon en una furgoneta y nos llevó a Pobeña, un barrio muy bonito con una excelente playa en el Mar Cantábrico, hicimos un recorrido del vecindario y luego fuimos a desayunar; más tarde nos encaminamos a Portugalete, allí tomamos una cerveza y después fuimos a dar un paseo por una de las maravillas de Bilbao: el Puente Colgante. Este famoso transbordador, el cual es de ese tipo el más antiguo del mundo, está situado en la desembocadura del rio Ibaizabal y une la villa de Portugalete con la vecindad de Las Arenas de Guetxo. Después de ir de un lado del río para el otro y luego regresar, pasó Jon en la furgoneta para llevarnos de nuevo al

Camino. La estadía en Bilbao fue fascinante, pero había que regresar a continuar con nuestra misión.

Después de despedirnos de Jon salimos de Bilbao rumbo a Castro Urdiales, parte de esta etapa la recorrimos paralelo a las vías del tren y, aunque sentíamos su presencia, nos alejamos un poco del mar; más adelante, antes de llegar a Castro Urdiales, de nuevo nos encontramos con el mar. La parte más difícil de toda la jornada fue cuando llegamos a Otón, aquí nos encontramos con una subida de un desnivel de 100 metros, en esta etapa, a pesar de tener su rodilla lastimada, Debra se lució. Muy tarde ese día, llegamos a Castro Urdiales y, después de refrescarnos un poco, pudimos llegar al hospedaje para comenzar con el protocolo de llegada. En la noche fuimos a cenar y, luego de dar una vuelta por el puerto de la bella villa de pescadores, regresamos al albergue para poder descansar y estar frescos en la mañana.

Muy temprano al día siguiente salimos para Laredo, el sol no había salido aún y algunos peregrinos se alumbraban la vía con pequeñas linternas. Esa mañana teníamos una jornada de 37 kilómetros, sin embargo, el desnivel era poco desde Castro Urdiales hasta llegar al Pontarrón de Guriezo, allí nos esperaban dos pendientes de unos 200 metros de altitud. La etapa era una muy bonita y, comparada con las anteriores, esta faceta era bastante cómoda. Sin grandes sacrificios llegamos a Laredo y, antes de arribar al albergue que nuestro amigo había reservado, paramos a tomar una cerveza. Más tarde, después de ducharnos, Juan y yo salimos a cenar, Debra ya había salido y ese día no la vimos en la cena, pero después volvimos a coincidir con ella en el albergue, después de conversar unos minutos, nos fuimos a descansar. Al día siguiente íbamos a Güemes y esta prometía ser una bonita jornada.

Por el paseo marítimo de Salvé tuvimos la oportunidad de masajear nuestros cansados pies en la arena de la playa.

En la mañana temprano salimos los tres a desayunar, luego emprendimos nuestro rumbo; caminamos por varios minutos hasta llegar al paseo marítimo de Salvé, ahí tomamos las escaleritas que dan a las finas arenas de la playa, nos quitamos las botas y medias para meter los pies en las frías aguas del Cantábrico. La combinación de agua fría y doradas arenas de la playa daba un masaje terapéutico que resultó ser un disfrute inesperado para los cansados pies. Como chiquillos caminamos y disfrutamos la mañana en aquella maravilla de la naturaleza por unos 4 kilómetros. Seguimos caminando hasta llegar al final de la playa Salvé y, justamente sobre la arena, en El Puntal, tomamos una barca para cruzar a Santoña; aunque el viaje dura escasamente 10 minutos, la vista de la Bahía es espectacular. Al desembarcar en Santoña cruzamos por el poblado y, caminando hacia el oeste, llegamos a la comunidad de Noja, allí nos esperaba *el Brusco*, una subida de 100 metros de altura, esta fue la parte más ardua de toda la etapa.

Después de dejar *el Brusco* atrás tomamos un pequeño descanso para beber algo y recuperarnos, luego seguimos el camino sin ninguna otra novedad. Al llegar a Güemes paramos en un café a descansar y tomar una cerveza, más tarde continuamos hacia el albergue, el cual quedaba sobre una colina en las afueras del poblado. El hospedaje era muy acogedor y tenía todas las facilidades, aprovechamos para lavar, ducharnos y luego cenar en los predios del alojamiento, allí compartimos con un par de peregrinos que habíamos conocido en la ruta, después nos fuimos a descansar.

A la mañana siguiente comenzamos a andar temprano, después de desayunar, esta etapa nos llevaría a Santander y era sumamente corta, de solamente unos 15 kilómetros, el camino es de poco desnivel y no veríamos el mar por varios kilómetros.

Continuamos nuestro paseo en dirección a Somo, al llegar al embarcadero tomaríamos un barco que nos cruzaría hasta la ciudad de Santander, accedimos al embarcadero a través de la playa Los Tranquilos. El paseo por la playa fue muy tranquilo y, casi sin darnos cuenta, habíamos llegado al embarcadero del Puntal, donde en poco tiempo tomamos el barco para cruzar la bahía y atracar en el paseo de la Pereda. El viaje duró unos veinte minutos y, a pesar de que hacía un poco de frío, fue muy relajante. Ver la ciudad acercarse nos daba otra perspectiva del Camino y disfrutamos mucho este nuevo cambio de panorama.

Al llegar a Santander tuvimos que ambientarnos un poco para absorber el dramático cambio de caminar por montes, playas, bosques y montañas, y hacer la transición hacia la nueva selva en la que nos encontrábamos.

Obviamente esta ciudad tenía todas las facilidades que ofrece una gran urbe; después de retirar dinero de un telebanco, fuimos a almorzar para luego emprender un largo recorrido por toda la ciudad y llegar al hospedaje que Juan había reservado. Camino al albergue tuvimos tiempo de visitar un poco la localidad; aunque muy limpia y bonita, a mí me pareció una ciudad grande como cualquier otra en el mundo. Nuestra misión no era visitar grandes ciudades, pero esta estaba en el Camino, lo menos que podíamos hacer era dedicarle, aunque fuera, un par de horas.

El albergue era lujoso y con muchas comodidades, pero después de registrarnos preferimos salir a cenar y dedicar más tiempo a recorrer las cercanías del hospedaje. En la noche regresamos para retirarnos a descansar y comenzar frescos en la mañana. El próximo día llegaríamos a la linda Santillana del Mar, y yo tenía mucho afán por visitarla.

En la mañana nos levantamos muy temprano para recorrer los 35 kilómetros que había para llegar a Santillana del Mar, sin mucho esfuerzo llegamos a Boo de Piélagos y, para evitar hacer un recorrido de muchos kilómetros, decidimos cruzar el Rio Pas en tren. Desde la parada de Boo hasta la de Mogro, al otro lado del río, había alrededor de un kilómetro de distancia, el tren nos ahorraba mucho tiempo y energía, de esta manera podríamos visitar Santillana del Mar por más horas.

Al llegar a Mogro hay un ascenso de unos 75 metros, aquí pudimos visitar el santuario de la Virgen del Monte; la belleza paisajista de Mogro era increíble, subiendo hacia el poblado pudimos ver bellas vistas del Mar Cantábrico y disfrutar de la brisa salada que nos daba la bienvenida. Después de almorzar en Mogro caminamos otros quince kilómetros más para llegar a la linda Santillana del Mar que, contrario a lo que indica su nombre, queda a unos cuatro kilómetros de la costa; esta preciosa joya, del área del Cantábrico, es visitada por un rebaño de turistas durante todo el año.

Después de cumplir con el proceso protocolar en el albergue, Juan y yo fuimos a comer para luego visitar formalmente esta majestuosa ciudad; Debra se quedó en el albergue, pero más tarde salió a conocer un poco la metrópoli. Aunque no contábamos con mucho tiempo, mi amigo y yo fuimos a conocer íconos muy importantes, como lo son: la Torre de Don Borja, la Torre de Merino, Museo y Venta de antigüedades, el Salón del Tiempo, el Palacio Barreda Peredo y la Plaza Mayor de Ramón Pelayo. Había muchas cosas que ver y conocer, pero, lamentablemente, el tiempo nos traicionaba, después de tomar un par de cervezas hicimos un último recorrido por los alrededores de tan linda ciudad y nos fuimos a descansar. Nuestro próximo recorrido, y el último para Juan, nos llevaría unos 30 kilómetros hasta San Vicente de la Barquera.

Con mucha pena, temprano en la mañana, dejamos Santillana del Mar para emprender nuestra próxima jornada, el tramo, aunque poco difícil, mayormente transcurría por áreas asfaltadas, en lugares boscosos el paso se dificultaba por el fango que había, producto de lluvias en días anteriores. Como resultado, esta etapa fue un poco cansona y monótona.

Sin mayores contratiempos, después de un largo viaje, entramos en la localidad de San Vicente de la Barquera, hicimos una parada para probar las famosas corbatas de Unquera, estos dulces se preparan a base de harina de trigo, mantequilla, huevo, almendra y azúcar, son una delicia al paladar; después fuimos al hospedaje.

En la tarde Juan recibió la llamada de un familiar y, por razones ajenas a su voluntad, tuvo que regresar a casa; la llegada a San Vicente de La Barquera marcaba la última etapa de mi amigo peregrino en el Camino del Norte, pero tenía el deber de regresar en el futuro y completar el recorrido hasta la gran Catedral.

En la mañana, Debra y yo nos despedimos de Juan con mucha pena y nostalgia, fue muy triste, pero el deber llamaba a nuestro amigo; vimos cómo se perdió caminando rumbo a la parada del autobús. Debra y yo continuábamos la marcha a Santiago de Compostela.

La jornada hasta Pendueles fue un constante subir y bajar, gran parte de la ruta la hicimos en silencio, la ausencia de nuestro amigo peregrino era notable. A pesar de la cantidad de asfalto que tuvimos que recorrer, las vistas en esta jornada, como casi todo el Camino del Norte, eran palpables. La brisa proveniente del Cantábrico nos acompañó por gran parte del camino y esto hizo la travesía más placentera.

Con poca dificultad, y casi sin darnos cuenta ya estábamos en Asturias, justo después de la colindancia entre Cantabria y Asturias nos topamos con un bar muy bien localizado, así que entramos a tomar una cerveza y comer algo. Aunque Cantabria estaba a solo unos metros del bar, el acento Asturiano se hizo evidente, de aquí en adelante, hasta llegar a Galicia, tendríamos que acostumbrarnos a escuchar un nuevo acento. Las persona que nos atendieron en el bar eran muy amables, como la temperatura había bajado bastante nos quedamos mucho tiempo calentándolos y conversando con peregrinos que arribaban al lugar.

Una vez nos sentimos con más ánimo, decidimos retomar la jornada, sin apuro pero a paso seguro, en la tarde entramos en Pendueles, nos dirigimos al albergue Aves de Paso y nos registramos para luego salir a cenar. Pendueles no tenía mucho que ofrecer al viajero, salvo fuera una cama para pasar una noche, tal vez por eso decidieron nombrar así nuestro alojamiento.

En la mañana temprano salimos a hacer el recorrido de 29 kilómetros desde Pendueles a Villahormes, el perfil de esta jornada no era para nada preocupante: antes de llegar a Llanes había un desnivel bastante pronunciado, pero nada comparable con las pendientes de etapas anteriores; lo demás eran subidas y bajadas de un desnivel moderado. Parte del camino lo hicimos por la costa y las vistas fueron espectaculares. Entre Ribadedeva y Llanes fuimos a contemplar los *Bufones de Arenillas*, se trata de formaciones geológicas en las zonas costeras, estas formaciones se encuentran por lo general cerca de los acantilados y crean una especie de grietas donde, si la marea está llena y el mar es fuerte, sale agua a presión y se deja sentir un sonido como de silbato; lamentablemente, cuando llegamos a los bufones el mar estaba en calma y no pudimos escuchar su sonido.

En el camino Debra recibió una llamada de su hermana notificándole que en unos días estaría en Santiago de Compostela, después de la llamada el camino transcurrió sin ningún inconveniente y en la tarde llegamos a Villahormes. Mi amiga decidió continuar el camino y no pernotar en Villahormes, quería adelantarse un par de días más y reunirse con su hermana en Santiago; de nuevo tuve que pasar el trago amargo de otra despedida, pero, al igual que Juan, Debra se mantuvo en contacto, por teléfono nos contábamos cómo nos iba en las diferentes etapas que caminábamos. Nuestra amistad, que nació y maduró en el Camino, continua palpable.

En el albergue donde me registré pude disfrutar de una rica cena preparada por la dueña y hospitalera del lugar, esa noche tuve una larga sobremesa junto a otros peregrinos que conocí en el sitio, más tarde di una vuelta por los predios del albergue para luego ir a descansar.

En la mañana salí del hospedaje de Villahormes sin desayunar, era temprano y, al no encontrar un café, decidí emprender la jornada sin ingerir alimento alguno. La etapa a la cual me enfrentaba tenía su final en San Esteban de Leces, una jornada de solamente 22 kilómetros con un perfil sumamente sencillo, pero con un sin número de subidas y bajadas; si lo comparamos con travesías ya hechas en este camino, la que encaraba no presentaba mayor reto, por el contrario, los incontables pueblos y playas de arenas doradas, donde podía caminar para descansar mis pies, hacían de esta una senda muy placentera.

Ya había caminado por más de una hora y no encontraba un café donde desayunar, más tarde, al aproximarme a una playa donde habían varias familias en casas rodantes, me acerqué a un joven que caminaba desde la playa hacia una de las furgonetas, le pregunté que si conocía de algún bar en el área donde pudiera tomar un café, me contestó que no conocía el sector porque estaba vacacionando con su familia en una de las casas rodante, pero que si lo acompañaba al vehículo en que estaba la familia me podía regalar un café caliente, acepté la invitación y fuimos al lugar; me presentó con su familia y le comentó a su mamá que yo estaba buscando algún lugar para tomar un café, ella me dijo que tenía café recién preparado y enseguida me obsequio una taza de la rica bebida; me invitó a pasar adentro de su remolque, pero yo no quise molestar y le dije que prefería quedarme afuera disfrutando de la brisa mañanera, ví pasar a Ignacio y el grupo que le acompañaba, al parecer, al igual que yo andaban en busca de un café para desayunar; mientras hablaba con el joven que me llevó a su casa móvil su mamá se ausentó por unos minutos y regresó con varias galletitas dulces para que acompañara el rico café que yo saboreaba; hablamos por largo rato, me dijeron que eran vacacionistas provenientes de Sevilla y me preguntaron donde había comenzado mi camino, les respondí que en Irún y ellos quedaron sorprendidos por los kilómetros que había caminado, me dijeron que habían oído hablar de La Vía de La Plata, que es el Camino que tiene su comienzo en Sevilla hasta llegar a Santiago de Compostela, y me aseguraron que iban a investigar ese recorrido con la mira de caminarlo en un futuro cercano. Después de darles las gracias por su hospitalidad nos despedimos efusivamente y les deseé un bonito día mientras ellos me deseaban un buen camino.

Retomé la ruta con nuevos bríos, más tarde, en un café, me encontré a Ignacio y su grupo quienes habían acabado de desayunar y de nuevo estaban listos para continuar su recorrido, brevemente los saludé y me senté a comer un bocadillo. Dos días más tarde volví a encontrar al grupo, pero en esa ocasión compartimos la última y recordada etapa del Camino del Norte.

El resto del camino hasta San Esteban de Leces transcurrió sin mayores acontecimientos, al llegar al poblado entré a un café y me topé con varios peregrinos que tomaban cervezas, me uní a ellos y juntos celebramos el final de la etapa; luego fui al albergue, donde me registré y, después de ducharme, descansé un rato; más tarde disfruté en el hospedaje una rica cena de *Ternera y Carne gobernada*; para bajar la comida fui a caminar hasta la iglesia, cerca del albergue, y luego a la Torre de San Esteban. San Esteban de Leces no tiene mucho que ofrecer al viajero, de manera que regresé al hospedaje a compartir con algunos peregrinos para después ir a descansar. El próximo día me dirigía a Sebrayo y tenía una caminata de 28 kilómetros para alcanzar la meta.

En la mañana después de desayunar en el albergue, cuando aún dominaba la oscuridad, salí rumbo a mi nuevo destino; aunque había mucho asfalto, esta ruta también recorría largos tramos junto a las playas, esto hacía que la prolongada etapa me diera tiempo de descansar y relajarme frente al Mar Cantábrico; la ruta no era muy difícil ni tenía obstáculos mayores para llegar.

Caminé varios kilómetros por asfalto, hasta llegar a *La Isla*, allí me detuve en el restaurante de un hotel para descansar y almorzar, el local tenía un almuerzo de *Marmitas y Congrio con Guisantes*, el cual me aventuré a probar y no me arrepentí; después del almuerzo conversé con el dueño del restaurante por un rato para luego continuar la jornada.

Tenía la opción de seguir por carretera o desviarme hacia el camino tradicional que iba por el monte, a sugerencia del dueño del local me fui por el camino del bosque, el paraje y la tranquilidad de la floresta hicieron de este pequeño paseo uno muy placentero; en algún lugar del bosque me topé con Giovanna, Ignacio y los otros tres peregrinos, no los había visto en varios kilómetros. Giovanna, aunque por el bosque, todavía mantenía su ritmo peculiar de caminar, ¿cómo hacía para mantener aquella energía? No lo sé, pero desde la vez que la conocí, cerca del Monasterio de Zenarruza, la acompañaba la misma alegría, entusiasmo, positividad y su forma única de caminar; esta vez tuvimos un poco más de tiempo para conversar mientras caminábamos por la espesura.

Al salir a la carretera yo me adelanté y ellos quedaron atrás, llegué en la tarde a Sebrayo sin mayores complicaciones, allí me hospedé en el Albergue de Peregrinos de Sebrayo, único hospedaje de la localidad. Aunque la posada no tenía facilidades para cenar, en la tarde llegó un camión con alimentos de los cuales compré un bocadillo de pescado y algunas frutas para comer en el hospedaje antes de retirarme a descansar. El poblado es muy pequeño, después de cenar salí a conocer la iglesia de Santa María de Sebrayo, único lugar de interés en el poblado, terminando el corto paseo me fui a dormir. La jornada del próximo día prometía ser muy interesante.

Esa noche dormí muy poco, al parecer el pescado que comí me hizo daño y pasé parte de la noche en el baño; aún así, y sin desayunar, me propuse caminar los 23 kilómetros que habían de Sebrayo a Peón. Saliendo del albergue me encontré con uno de los peregrinos que pernotaron junto conmigo esa noche y me aconsejó que parara en algún café para que tomara Aquarius, me dijo que esta bebida mineral deportiva era muy refrescante y actuaba como suero, a él se la había recomendado un amigo médico. Paré en el primer café que encontré y pedí tres Aquarius, me tomé uno y puse dos en la mochila para tomar en el camino.

Luego de haber caminado en dirección a Peón, sentí que mi estómago ni mejoraba ni empeoraba, lo único que podía hacer era mantenerme hidratado y abstenerme de consumir alimentos sólidos; el problema sería cruzar por Villaviciosa y no parar en una sidrería a catar una sidra y comer aunque fuera para probarlas, una de sus famosas salchichas picantes; tomé la decisión de no dejar la cuna de la sidra y las salchichas picantes sin probarlas.

Era temprano en la mañana cuando llegué a Villaviciosa, cuando pasé por un vecindario que estaba lleno de sidrerías me detuve en una de ellas y pedí una sidra y una salchicha picante, comí mi salchicha y tomé la sidra con muchos deseos, ambas estaban sabrosas y, glotonamente, pedí otra sidra mientras mentalmente "hablaba" con mi vientre, al parecer el estómago escuchó mi súplica y se mantuvo inactivo por un rato. Después de esperar otra media hora más decidí continuar mi camino, sin embargo, antes de salir de la vecindad, y pensando que necesitaba fuerzas para la ruta que tenía que enfrentar, entré en un café para comer algún alimento que me sustentara, después de comer un bocadillo y tomar un Aquarius, de nuevo retomé el camino y milagrosamente pude recorrer los siguientes diez kilómetros sin mayor dificultad.

Los aprietos comenzaron a aparecer al pasar por Casquita, era en esta localidad donde debía haberme desviado para continuar por la ruta del Camino Primitivo, sin embargo, la señal que apuntaba hacia el camino estaba un poco borrosa y no la ví, de manera que continúe por la ruta del Camino del Norte y tuve que enfrentar el monstruo de la subida del *Alto de La Cruz*; esta subida de unos tres kilómetros tiene un desnivel de 400 metros y es una de las más arduas de todo el Camino del Norte. Comencé la subida lentamente, sabiendo que tenía que administrarla bien si quería llegar a la cima sin mayores problemas. Desafortunadamente no tenía todas mis fuerzas y la subida comenzó a darme problemas, a media cuesta mi estómago se rebeló y esto complicó el ascenso, por suerte, Giovanna, que venía subiendo junto a su grupo, se percató de que yo estaba teniendo dificultad para avanzar, le expliqué lo de mi estómago y me "recetó" un limón que tenía en la mochila para curar los males de mi vientre; como no teníamos con que cortar el limón terminé enterrándole mis dientes para poder llegar a su jugo, tragué todo lo que pude de aquella medicina amarga y no pude caminar más, quedé casi sin fuerzas y comencé a sudar, tuve que buscar un lugar en el camino para vomitar la comida que había consumido durante el día; después de algunos minutos comencé a sentir que mis fuerzas empezaban a regresar, esperé un poco más y de nuevo comencé a subir la difícil cuesta, sin el malestar en el estómago, poco a poco, me fui sintiendo con más fuerzas y en mi mente empecé a repetir el mantra de "tú puedes". A lo lejos alcancé a ver al grupo de Giovanna, Ignacio y el resto del clan de peregrinos, que, como yo, iban luchando por llegar a la cima, eso me dio ánimo y comencé a subir más rápido. Antes de llegar a la cumbre mis amigos habían quedado atrás.

Cuando me sentí seguro, en lo más alto de la montaña, me detuve a tomar aire y descansar, mis camaradas me alcanzaron y también hicieron lo propio, allí fue que, conversando con ellos, me enteré de que ya había pasado el desvío que va al Camino Primitivo, ahora tenía que regresar para retomar la ruta, pero yo no quería volver atrás y preferí pasar la noche en Peón, donde mis amigos tenían una reservación en una casa/albergue, me invitaron a que bajáramos la cuesta hasta Casa Pepito donde Doña María, dueña del hospedaje, los recogería para llevarlos a la casa donde pasarían noche. En Peón no había albergue, pero, cándidamente, mi amigo Ignacio llamó a Doña María y pude reservar una cama para pasar la noche en sus facilidades. La casa quedaba a unos tres kilómetros de Casa Pepito, pero la señora María nos proveería transportación hasta su casa y en la mañana regresaría a mis amigos a la senda que los llevaría por el Camino del Norte, en mi caso prometió llevarme a Vega de Sariego, que era un punto en el cual el Camino del Norte enlazaba con el Primitivo.

Casa Pepito era un bar parrillera muy grande, ruidoso y con muchos olores de carne asada, el cual estaba atestado con clientes. El ambiente del mesón no ayudó a mi estado de ánimo, aunque tenía hambre no tenía ganas de comer nada. Me senté en un banco en las afueras del establecimiento mientras mis compañeros comían. Ignacio, muy gentilmente, me trajo un

Aquarius para que tomara, después de unos minutos de haberlo tomado comencé a sentir mejoría. Más tarde, me armé de coraje y comí medio emparedado, milagrosamente mi estómago lo aceptó sin reproches.

Una hora más tarde llegó la señora María a recogernos, como el grupo era grande se vió obligada a dar dos viajes para poder llevar a todos a su casa, el grupo decidió que yo debía de ir en el primer viaje para que pudiera ducharme y estar más cómodo en el hospedaje. Al llegar a la casa albergue me duché y me tiré en la cama a descansar. Después de que todos los pasajeros fueron transportados a las facilidades de la casa, Doña María, muy gentilmente y evidenciando su instinto maternal, pasó a atender mi necesidad de huésped enfermo, me preparó un caldo de pollo y un té con algunas hojas que recogió de su huerto, también llamó a su hijo para que me trajera unas pastillas contra la diarrea; Giovanna me ofreció unas galletas de soda. Después de ingerir todos aquellos "remedios" me sentí con más ánimo y salí al patio donde mis camaradas se habían reunido a dialogar y tomar unas cervezas, la conversación estuvo muy animada y eso me ayudó mucho. En el ambiente también se sentía tristeza, porque mis amigos peregrinos y yo nos separábamos aquí, sin embargo, teníamos la seguridad de que nos volveríamos a ver en Santiago de Compostela, Ignacio y yo, por medio de mensajes, nos mantendríamos informados para saber cómo recurrían nuestras rutas. Ya caída la noche, debido a un torrencial aguacero tuvimos que mudar nuestra tertulia adentro de la casa.

Esa noche, bajo la tormenta de lluvia llegó al hospedaje un peregrino italiano quien viajaba a toda prisa, después de parar en el albergue a descansar y comer algo, el peregrino abandonó el hospedaje y desapareció en la oscuridad de la noche; más tarde, Doña María recibió una llamada de una peregrina perdida a quien tuvo que salir a buscar, al llegar las dos señoras, después de conversar un ratito y escuchar la historia de la peregrina recién rescatada, me despedí del grupo y me fui a descansar.

En la mañana bajé a despedirme de los amigos peregrinos que estaban por desayunar y ví que la lluvia de la noche anterior aún continuaba, los acompañé a la mesa y, aunque no pude disfrutar del exquisito desayuno que la señora María había preparado, pude tomar un poco de té y galletitas mientras conversábamos. Después del desayuno la hospitalera saldría con el grupo para llevarlos al camino, cuando regresara a la casa me llevaría para que me enlazara con el Camino Primitivo, sin embargo, tomando en consideración que yo estaba algo delicado y que llovía, me dio la opción de permanecer un día más en su casa si así yo lo deseaba, le dije que tomaría una decisión y le informaría para cuando regresara de su encomienda. Para cuando estuvo de vuelta Doña María, yo había tomado la decisión de continuar mi camino, tal como me lo había prometido; aunque estaba lloviendo, abordamos su automóvil para ir a donde comenzaría mi próximo camino. Así fue como aquella valiente y generosa señora manejo 14 kilómetros bajo la lluvia por aquellas majestuosas montañas, demostrando su gran talento detrás del volante; después de maniobrar las arriesgadas curvas y desafiar la lluvia por varios kilómetros llegamos al punto donde acordamos que me dejaría. Me sentí muy triste al despedirme de aquella noble señora, aunque la conocí por poco tiempo, su generosidad, devoción, cariño y ternura la hicieron merecedora de mi agradecimiento y afecto. No es casualidad que tan amorosa señora lleve un nombre tan significativo.

Después de haber recorrido 504 kilómetros de valles y montañas durante 18 días aquí terminaba mi Camino del Norte. Aunque un poco maltrecho, con nuevos bríos y grandes expectativas comenzaba mi próxima aventura.

Capítulo IX: El Camino Primitivo

Cuando aquella lluviosa y fría mañana Doña María me dejó en Vega de Sariego me sentí como un huérfano desamparado, la lluvia nublaba mi vista y el frío no me dejaba pensar bien. Quedé detenido por varios minutos debajo de un árbol, esperando que la lluvia amainara un poco para comenzar el rumbo hacia Santiago de Compostela.

Mirando la lluvia caer llegaron a mis pensamientos recuerdos del mar de Cantabria, el cual me había acompañado en mi largo recorrer por tantos días, agradecí infinitamente su amistad, complicidad, y compañía. El mar fue mi leal amigo, compañero inseparable y guardián de mis secretos por toda aquella placentera, aunque a veces dolorosa, travesía; el Cantábrico lloró mis penurias mientras yo bajaba y subía las interminables cuestas; pero, más importante aún, celebramos juntos triunfos, alegrías, descubrimientos, nuevos horizontes, puertas que se abrían, nuevos enfoques, renovados bríos y la llegada de viejos y nuevos amigos; algunos de estos últimos desaparecen por algún tiempo, tal vez para siempre, otros se quedan y forman parte de nuestra familia del Camino... Inseparables y leales por siempre.

Atrás quedó el Camino del Norte, por siempre estaré agradecido de las enseñanzas, lecciones aprendidas y vividas, andanzas e interminables aventuras, ahora empezaba el Camino Primitivo, y con él una nueva página, un nuevo comienzo. Debo aceptar el reto del Camino, que dicen los ya bautizados por este, es el más difícil y bonito de todos los caminos que conducen a Santiago de Compostela.

A los 72 años completar el Primitivo no era una tarea fácil, algunos "amigos" decían que a mi edad no iba a lograrlo, Otros de mis AMIGOS me aseguraban que la edad no sería un impedimento y que, con entusiasmo, convicción, y firmeza, lo conseguiría. Con algo de miedo a lo desconocido, pero seguro de mí mismo, debajo de aquel árbol, con frío y lloviznando le daba la bienvenida al Camino Primitivo.

Después de esperar por algún tiempo, como por arte de magia, ceso la lluvia, por fin pude quitarme el chubasquero y comenzar a caminar, el camino comenzó a aparecer delante de mí y con el la primera flecha amarilla que me indicaba que estaba en la ruta correcta. Milagrosamente, el mal de estómago desapareció y en poco tiempo me encontré con los primeros peregrinos. Ya estaba más confiado y me sentía en territorio "amistoso", tanto fue así que pronto apareció la primera subida, este primer inicio, en donde fui bautizado, fue cruel y despiadado, pero gallardamente lo enfrenté y esto me dio confianza. Aún estaba en el enlace de los dos caminos, el Primitivo, oficialmente, tiene sus comienzos en Oviedo, sin embargo, ya mi futuro camino daba señales de lo que podría esperar. Estaba muy entusiasmado, ahora sin lluvia y sintiéndome mucho mejor del estómago tenía mucha prisa por llegar a Oviedo.

Los peregrinos con los cuales me topé al principio de la etapa fueron los únicos que ví en todo el trayecto, aunque los encontré varias veces debido a que algunas veces yo les superaba y más adelante, mientras descansaba, ellos me pasaban, repetimos lo mismo hasta llegar, pasado el mediodía, a Oviedo. Camino al albergue hice una parada para visitar la Catedral de San Salvador, esa visita es casi una obligación para los peregrinos que llegan a Oviedo, algunos dicen que El Camino Primitivo estaría incompleto sin una visita a esta iglesia.

Después de la parada en la Catedral, comencé el largo recorrido hasta el hospedaje, esta es una ciudad grande y para llegar al alojamiento tuve que caminar varios kilómetros, cuando llegué a mi destino había una fila de peregrinos esperando para registrarse, esperé mi turno por largo rato. Después de instalarme en las facilidades y darme una ducha bajé a comer algo, me envalentoné y pedí una pizza, la cual acompañé con un Aquarius. Me quedé por mucho rato en el restaurante hablando con otros comensales y cuando regresé al hospedaje me sentía muy bien, ya mi cuerpo había regresado a la normalidad y eso era positivo. El próximo día me esperaba una etapa de 28 kilómetros la cual presentaba un perfil bastante amenazante.

En la mañana temprano hacía un poco de frío cuando dejé el albergue, pero esto creaba condiciones muy agradables para caminar, antes de salir de Oviedo quería echarle un último vistazo a la Catedral de San Salvador y me encaminé en dirección a la basílica, previamente a llegar a ella encontré un café abierto y me pareció buena idea desayunar antes de abandonar la ciudad; después de un nutritivo desayuno emprendí de nuevo mi camino hacia la Catedral, cuando llegué a ella me paré a admirar su belleza por varios minutos.

Dejando la gran iglesia atrás y tratando de no perderme en el laberinto de calles que salen de la Catedral, ví a un peregrino, al parecer estaba buscando la salida de la ciudad, lo alcancé y le pregunté si sabía cómo dejar Oviedo y llegar al Camino, me contestó que no, pero me sugirió que podíamos unir fuerzas para encontrar la salida de la gran ciudad. Su nombre era Amin, vivía en Alemania y resultó ser un peregrino que hacía el Camino por primera vez, esta etapa de Oviedo a Grado era su inauguración en el Camino de Santiago de Compostela. Pensé que había escogido la ruta más difícil para inaugurarse, pero todos tenemos nuestros motivos y razones para escoger el camino que queramos cuando nos place; las decisiones de cual camino escoger, cuanto caminar, como hacerlo, etc., varían con la persona y sus razones. No juzgamos a nadie por lo que hace ni como lo hace, más bien, lo apoyamos en lo que sea posible.

Después de caminar varias cuadras nos alcanzó un tercer peregrino que venía detrás de nosotros, su nombre era Marcel, nacido en Sudáfrica de padres holandeses; aunque tenía su residencia principal en la Florida, casi nunca estaba en casa, Marcel era capitán de barcos y por su trabajo se la pasaba viajando. Entre los tres formamos un grupo y haríamos juntos gran parte del Camino Primitivo.

Unimos esfuerzos y no tardamos mucho en encontrar la primera flecha amarilla que nos indicaba la ruta a seguir, pronto nos encontramos fuera de la ciudad y nos internamos en un gran bosque, para más adelante tropezar con la primera de muchas subidas. Aunque teníamos una idea de lo que nos esperaba, no pensábamos que esta primera pendiente estuviera tan cerca de la ciudad; el caminar por sendas, bosques y praderas es muy placentero, pero el desnivel que hay hace que uno tenga que trabajar muy duro para mantener su ritmo y moderación. El esfuerzo para completar la etapa fue mucho, al parecer las descomunales cumbres del Camino del Norte solo serían una buena práctica para el fenómeno que habría que enfrentar en la nueva ruta.

Con mucho trabajo y esfuerzo llegamos a Grado, para celebrar fuimos a un café a tomar cerveza, más tarde pasamos por el albergue a registrarnos y luego a dar un paseo por la vecindad. Como siempre, antes de descansar dimos prioridad a los asuntos de preparación para el siguiente día, esto incluía lavar ropa, ducharnos y preparar mochilas, entre otras cosas. Después de un corto descanso salimos los tres a cenar y luego a conocer un poco del pueblo. Este cambio de perspectiva nos daba la oportunidad de conocernos más y comenzar a cultivar una bonita amistad, lo próximo sería un merecido descanso para estar frescos en la mañana y comenzar de nuevo la aventura.

Después de un sueño reparador, amanecíamos recuperados y con deseos de comenzar en la faena del día, hoy íbamos a Salas y era una etapa corta, de unos 22 kilómetros, aunque tenía un perfil bastante interesante de subida y bajada.

Desayunamos los tres en un café cerca del albergue y luego salimos rumbo a la conquista de Salas. La ruta de hoy cruzaba por varios pueblitos, muchos de los cuales parecían estar desiertos. Apenas salimos de Grado comenzamos a subir un desnivel de 200 metros, aquí dejamos las energías que habíamos conseguido con el rico desayuno de la mañana, sin embargo, apenas comenzábamos la odisea. El descenso de unos 6 kilómetros con un desnivel de 350 metros fue mucho peor que la escalada anterior, al alcanzar el poblado de Cornellana habíamos bajado a unos 50 metros sobre el nivel del mar; lo próximo sería comenzar el ascenso hasta llegar a Salas, para hacer esto teníamos que recorrer unos 12 kilómetros y al llegar a nuestra meta habríamos alcanzado una altura de 250 metros sobre el nivel del mar.

Sin mucho dramatismo, después del mediodía llegamos al poblado de Salas, aún era temprano y, en lugar de ir directo al hospedaje, entramos a un café a comer un bocado; resultó que nos quedamos más tiempo de lo que pensábamos, así que aprovechamos para cenar y tomar un aperitivo; más tarde, después de registrarnos en el albergue y ducharnos, todavía teníamos energía, por lo que salimos a dar una última vuelta.

En la mañana, ya desayunados nos dirigimos a Tineo. Aunque la subida de cinco kilómetros y el desnivel de 500 metros hasta llegar a la localidad de Porciles fue una dificultosa, los siguientes 15 kilómetros para alcanzar Tineo fueron relativamente llanos.

De los tres, Amin nos superaba en juventud con sus 35 años, Marcel a los 53 era el del medio y yo, a la tierna edad de 72 años, los aventajaba a ambos en edad. En estas primeras etapas Marcel ya dejaba ver que físicamente nos aventajaba, para mantener su ritmo yo caminaba cerca de él tratando de que la distancia entre los dos no fuera significativa, en cambio, Amin siempre se mantenía rezagado. Esto no era una competencia, claro está, y cada cual usaba su propio criterio de cómo enfrentar los retos del camino, sin embargo, había veces que el nivel de energía era muy alto y aprovechábamos para ganar tiempo.

Las pautas del camino las dicta cada cual de acuerdo con sus necesidades, juicios y circunstancias, de todos modos, siempre habrá un café donde parar a descansar, esperar por el compañero, si fuese necesario, o llegar al destino, cada uno a su paso.

Nosotros caminamos la mayor parte del tiempo unidos, así aprendíamos los unos de los otros. Ambos amigos tenían mucho que aportar a las lecciones del día y a mí me gustaba sacar ventaja de la oportunidad que se me brindaba.

Como era temprano cuando llegamos a Tineo, el albergue estaba cerrado, entonces decidimos esperar en un café cercano en lo que se alistaba el hospedaje, aquí aprovechamos para tomar una cerveza y cenar. Una vez habiendo cenado, llegamos al albergue, lo único que restaba hacer era registrarnos, realizar las faenas de fin de etapa e ir a la cama.

La próxima fase, a Campiello, era sumamente corta, de unos 13 kilómetros, por tal razón esa mañana dormimos hasta tarde y comenzamos nuestro trayecto después de lo habitual. El hecho de que esta fuera una etapa corta no quería decir que fuera fácil; saliendo de Tineo, durante unos cinco kilómetros, comenzamos a subir hasta llegar a un desnivel de 300 metros, esta brutal escalada transcurría por parajes y bosques muy pintorescos donde se podían observar, en la distancia, las montañas de la región. Después de haber ascendido hasta el tope de la montaña tuvimos un descomunal descenso que tenía un desnivel de 350 metros. Luego de este ascenso y descenso faltaban unos ocho o nueve kilómetros para llegar a Campiello, aunque no tan pronunciadas, el camino era uno de subidas y bajadas hasta llegar a nuestro destino. Laboriosamente, después del mediodía llegamos a la vecindad de Campiello.

Debido a la falta de albergues en la localidad nos vimos obligados a alquilar un apartamento rural, el precio era un poco caro para el presupuesto con el que contábamos, sin embargo, cuando lo dividimos entre tres la cantidad que cada uno aporto resulto ser muy módica. Aunque no contábamos con el lujo que incluía la vivienda, tomamos ventaja de este, teníamos toda el agua caliente que deseáramos, lavadoras, secadoras, baño privado, un área muy amplia rodeada de montañas, piscina, entre otras cosas. Después de ducharnos bajamos a cenar en un restaurante cerca de un campo de golf, al regreso nos sentamos a conversar en el amplio patio con el que contaba el alojamiento para luego ir a descansar. Al otro día habría un recorrido de 28 kilómetros con varias subidas muy respetables.

Al amanecer, temprano, emprendimos el rumbo hacia Berducedo, al dejar el albergue hacía un poco de frío, lo cual era ideal para esta etapa, que prometía ser muy interesante. Después de despedirnos de Campiello caminamos varios kilómetros hasta llegar a la localidad de Borres, aquí teníamos que decidir si continuar la senda que nos llevaba a Pola de Allande o tomar la variante de los Hospitales, a esta última ruta se le da el nombre de los Hospitales porque en la Edad Media Baja las hoy ruinas fueron refugio y daban auxilio a peregrinos que usaban la vía para llegar a Santiago de Compostela. Nosotros optamos por la ruta de los Hospitales porque la describen como una de las más bellas en todo el Camino Primitivo, sin embargo, esta belleza tenía un alto precio. Comenzando en Borres tuvimos que ascender y descender de montaña en montaña por unos ocho o nueve kilómetros, desde las montañas la vista era espectacular, a unos mil metros de altura, desde el alto del Puerto, se podían ver las montañas de Lugo y valles preciosos que hacían de esta ruta una privilegiada. Para llegar a Pola de Allande tuvimos que descender una cuesta de 500 metros de desnivel, la bajada fue tan difícil como el recorrido de montañas que acabábamos de hacer. En Pola de Allande por fin tuvimos un merecido descanso para comer un bocadillo y tomar una cerveza, después del descanso comenzamos la ascensión al Puente de Palo, para llegar a la cima de esta montaña teníamos que superar un desnivel de 600 metros, el esfuerzo, sin embargo, valió la pena. Entre la subida y el espectáculo que se veía desde la cima, me había quedado sin aliento. En el tope de la montaña hicimos una larga parada, no para descansar, sino para alimentar nuestros sentidos y disfrutar una de las vistas más espectaculares de todo el Camino. Después de haber llenado los pulmones con aire fresco, y alimentado nuestros ojos con vistas espectaculares, retomamos el camino a Berducedo. Había que descender la montaña de Puente de Palo, con un desnivel de unos 200 metros, y esto no era tarea fácil, sin embargo, los próximos siete u ocho kilómetros hasta Berducedo transcurrieron con normalidad.

Muy cansados y hambrientos llegamos a nuestra meta, pero seguimos caminando hasta el albergue. El recibimiento donde nos registramos fue en el área del bar, donde aprovechamos para tomar una cerveza. Después de ducharnos y dejar todo arreglado para salir temprano en la mañana, regresamos al bar para comer algo antes de retirarnos a descansar, no había tiempo para más. En la mañana, antes de salir a caminar, desayunamos en el hospedaje, ya que estaba incluido en la cuota que pagamos por el alojamiento de esa noche.

Los 21 kilómetros que habían desde Berducedo hasta Grandas de Salime eran un paseíto comparado con los 28 kilómetros del día anterior, en esta etapa mayormente descendimos y el ascenso fue gradual, lo que requirió poco o ningún esfuerzo de parte de nosotros tres. El punto más alto en todo el trayecto era La Mesa y estaba a unos 900 metros sobre el nivel del mar, arriba, en el tope de la montaña, estaba el mirador de la Boca de la Ballena y había una vista espectacular desde donde alcanzábamos a ver el embalse de Salime y sus alrededores, ahí bajamos unos 8 kilómetros para alcanzar una altura de 300 metros sobre el nivel del mar, este era el punto donde se encontraba el embalse y la Presa de Granda de Salime. Después de bordear la presa por unos kilómetros nos internamos en el bosque para ascender y tomar la ruta que nos llevaría a Salime, para llegar a nuestra meta teníamos que ascender por el monte durante unos doce kilómetros; aunque el desnivel era de 300 metros la subida fue gradual y muy cómoda.

Al completar la jornada del día y llegar a Salime, nos encontramos con varios peregrinos en un café y nos unimos a ellos para celebrar, estuvimos muy contentos y celebramos por mucho tiempo; aprovechamos para cenar y, más tarde, pasar al hospedaje a asegurar literas donde pasaríamos la noche. Necesitábamos un buen descanso porque en la mañana la jornada nos llevaría a Fonsagrada y la ruta, aunque muy linda, era cruel.

Al otro día salimos muy temprano a caminar, los cafés de la localidad todavía no abrían, por lo que planificamos parar a desayunar en Castro, había poco más de una hora para llegar a esa localidad y ya para entonces los cafés estarían abiertos. Los cinco kilómetros hasta Castro, aunque todavía estuviéramos en ayunas, fueron sumamente fáciles; como lo habíamos planificado, hicimos nuestra primera parada en el Café de Jaime, de esta manera descansamos y nos preparamos para la ardua tarea que teníamos delante de nosotros. Al café ya habían llegado otros peregrinos y nosotros nos unimos a ellos, más tarde, antes de retomar el camino, llegaron dos peregrinos más.

Desde Castro comenzamos el monumental ascenso de un desnivel de 500 metros hasta llegar al Alto de Acebo, aquí nuevamente tuvimos que descansar para reponer las fuerzas.

El esfuerzo que hicimos subiendo había logrado que entráramos en calor, pero aún así nos encontrábamos a unos 1200 metros de altura, por lo que hacía un poco de frío. La parada en el Alto de Acebo fue muy corta, necesitábamos continuar la caminata para volver a entrar en calor. Comenzamos a descender por unos 10 kilómetros, pasando por las comunidades de Santa Bárbara y Paradanova, para luego enfrentar el temible ascenso que nos llevaría a nuestra meta, esto requería un último esfuerzo de varios kilómetros. La fase a Fonsagrada se complica aún más porque la localidad está en la cumbre de una montaña y ya desde muy lejos se alcanza a ver, esto hace que uno piense que está muy cerca de la meta, cuando en realidad quedan muchos kilómetros por recorrer, por lo que requeríamos un enorme esfuerzo para poder administrar las subidas y bajadas que todavía teníamos que caminar en esta colosal etapa.

No sé cómo lo hice, pero completé los últimos kilómetros hasta llegar a la ciudadela, posiblemente estaba muy cansado para pensar racionalmente, pero esta etapa había superado todas las otras en esfuerzo, sacrificio, sudor, y empeño, necesitaba un premio y sabía dónde encontrarlo. Paramos en un café para galardonarnos con esa cerveza que habíamos ganado en esta odisea, luego fuimos a un restaurante para comer algo. Como ya habíamos entrado en Galicia, aprovechamos para comer una de sus especialidades: el pulpo a la gallega que comimos en la *Pulpería Candal* estaba exquisito. Estábamos de suerte, Marcel pidió Pimientos de Padrón y logró encontrar uno picante, en todos estos años yo no he logrado encontrar uno todavía.

Por mucho rato celebramos el gran triunfo de haber conquistado esta ardua etapa y más tarde pasamos a cumplir con nuestros deberes de fin de jornada. El albergue que seleccionamos era muy moderno y tenía muchas comodidades, entre ellas, las que me parecieron más agradables fueron la lavadora y secadora, aprovechamos para lavar toda la ropa que necesitaba una buena limpieza. Más tarde, Marcel y yo salimos a dar una corta vuelta y tomar un vino, a Amin, estando muy cansado y pensando en la etapa del próximo día, le pareció mejor idea irse a la cama; yo también pensé que la cama no era una mala idea, pero era mi primera vez en Fonsagrada y algo de la vecindad había que ver.

Después de la exigente etapa que recorrimos habíamos cenado como príncipes y la mañana siguiente desayunamos como reyes, esto tenía que ser así porque los 26 kilómetros que habían de Fonsagrada a O Cádavo no eran menos exigentes que el tramo anterior. Esta travesía, junto con las anteriores, le daba fama al Camino Primitivo de ser uno de los más exigentes de todos los caminos de Santiago de Compostela, toda esta ruta era un constante subir y bajar que daba poco o ningún tiempo a la recuperación; cuando se hablaba de las etapas rompepiernas no se puede olvidar la etapa Fonsagrada a O Cádavo. La parte positiva es que mucho del camino recorría por montes y valles que hacían de esta una de las más pintorescas y simbólicas de todas las rutas que componen el Camino de Santiago de Compostela. En la ruta uno podía encontrarse a una elevación de 1000 metros sobre el nivel del mar, como también, en cualquier momento podía bajar a 600 o 700 metros sobre el nivel del mar, este tobogán es evidente desde que se sale de Fonsagrada y no para hasta llegar a O Cádavo. El Camino nos obligaba a dar nuestro mayor esfuerzo, sin embargo, para mí la parte más difícil fue subir a lo que se le conoce como A Costa Do Sapo, cuando nos encontramos en la cima, aunque hacía un poco de frío, nos sentamos en las afuera de un café bajo el sol, a recuperar el aliento y disfrutar del paisaje en compañía de una rica cerveza. Una vez superada esta prueba el resto de la vía fue bajando hasta llegar a la meta.

Al alcanzar a O Cádavo nos sentamos en la Plaza Mayor a comer un rico helado, después de descansar por varios minutos tuvimos la fuerza y determinación de llegar hasta el albergue. Esa noche no salimos del hospedaje, algunos peregrinos habían llegado antes que nosotros y nos invitaron a que los acompañáramos a una cena comunal, nuestra contribución fue vino y pan, el cual pudimos conseguir en una tienda de alimentación muy cerca del hospedaje. La cena, una pasta con un toque internacional, estuvo exquisita; la sobremesa estuvo muy amena y duro hasta tarde. En algún momento el hospitalero apagó la luz, dándonos la señal que había que descansar. Al día siguiente había mucho que hacer, llegábamos a Lugo y esta es una de esas ciudades que tiene mucho que ofrecer al viajero.

Antes de salir el sol nos dispusimos a comenzar la faena del día, para llegar a nuestro próximo destino el camino era casi todo bajando, pero teníamos que aprovechar el tiempo y recorrer los 32 kilómetros de distancia que habían para llegar a una hora razonable y aprovechar nuestra estadía en la ciudad. Aunque mucho del camino transcurre por carreteras, existen algunos desvíos que nos llevaron a pequeñas aldeas y parajes que dejan ver la belleza, historia y cultura gallega; al llegar a Castroverde, uno de esos antiguos pueblitos que se encuentran en el camino, nos paramos a descansar y comer un bocadillo, aquí también aprovechamos y compramos algunas golosinas para comer en el largo recorrido.

En el trayecto a Lugo no tuvimos mayores inconvenientes y llegamos a la Puerta de San Pedro, la cual es la entrada a la urbe amurallada de esta ciudad romana. Esta bella metrópoli fundada por los Celtas y conquistada por los romanos en el año 13 A.C. es la más antigua de Galicia. Las murallas romanas que rodean toda la ciudad, con una altura de 10 a 15 metros, hacen de Lugo una majestuosa ciudad antigua, uno de los mayores atractivos de Lugo es recorrer la población por encima de esta gran muralla.

Sin parar en ningún sitio, cruzamos la ciudad de Lugo hasta llegar al albergue, entramos al bar del hospedaje, donde nos registramos y tomamos una cerveza, después de ducharnos nos apresuramos a bajar para tomar un taxi y llegar al centro de la urbe, cenamos frente a la plaza, la cual estaba atestada de peregrinos y turistas, y luego fuimos a caminar por encima de las murallas de la ciudad; la vista era espectacular desde la fortificación y nos quedamos mucho rato a esperar que llegara la noche, desde arriba de la muralla las luces de diferentes colores y el sin número de peregrinos, parroquianos, y turistas, daba a la ciudad un aire de majestuosidad y energía. Fue difícil abandonar aquella vista donde dominábamos gran parte de la legendaria Lugo, pero faltaba mucho por ver y el tiempo nos traicionaba. Al bajar de la muralla cruzamos de nuevo la plaza para visitar La Catedral de Santa María, después de una breve visita a la iglesia nos fuimos caminando por la "calle de los vinos", donde pudimos apreciar el corazón del casco histórico de la ciudad mientras saboreábamos un rico vino tinto, queríamos seguir conociendo y disfrutando la belleza de esta gran metrópoli, pero teníamos una misión que cumplir el próximo día. Para terminar nuestra estadía en Lugo comimos un helado mientras caminábamos hasta el hospedaje, este albergue era privado y, diferente a los públicos, no había hora de llegada, teníamos una clave para llegar a la hora que quisiéramos y abrir la puerta. Cuando llegamos, un poco tarde, todo estaba en silencio, tuvimos mucho cuidado para no hacer ruido y despertar a peregrinos que ya descansaban. Fue difícil dejar atrás a Lugo, pero el cansancio era mucho y la encomienda del próximo día tenía prioridad.

Temprano en la mañana desayunamos en el albergue para comenzar nuestra próxima etapa, el recorrido de 26 kilómetros que emprendimos en el nuevo día, hasta Puente Ferreira, subía gradualmente sin mayores desniveles. La salida de la ciudad la hicimos por la puerta de Santiago hasta conectarnos con el puente romano sobre el Rio Miño. El camino al principio tiene mucho asfalto, pero luego se puede recorrer por lindos parajes con mucho verdor. La primera parada la hicimos en San Vicente do Burgo, Marcel y Amin aprovecharon aquí para abastecerse de agua, también en esta localidad conocimos a Emely, quien venía del Reino Unido y recién comenzaba su primer Camino, esta joven peregrina se unió a nuestro grupo y resultó ser muy buena caminante.

Una vez habíamos repuesto nuestras fuerzas retomamos el camino a Puente Ferreira. Emely, Marcel y yo nos mantuvimos al mismo ritmo, mientras Amin venía lento, pues en algún lugar de la etapa nuestro amigo se había lastimado la rodilla y eso hacía que su paso fuera con más calma; por suerte, en su mochila tenía una rodillera, la cual se colocó en la pierna izquierda para mitigar el dolor. Nos preocupaba que Amin apenas hubiera caminado unos 230 kilómetros desde que salimos de Oviedo y ya se hubiera lastimado, sin embargo, no quedaba mucho para llegar a Santiago de Compostela, apenas unos 80 kilómetros, Con mucha precaución, y algo de suerte, creíamos que Amin llegaría a La Catedral.

Sin mucho contratiempo, y a un paso más lento que lo acostumbrado, en la tarde llegamos a Puente Ferreira. Antes de llegar al albergue, los tres entramos a un café a tomar una cerveza mientras esperábamos a Amin, cuando llegó nuestro amigo nos alegramos de que su condición no hubiera empeorado. Nos acompañó a tomar una cerveza y luego continuamos al hospedaje para formalizar nuestra llegada al poblado.

Esa tarde/noche nos quedamos en el albergue mientras preparábamos una cena comunal para los cuatro, Amin necesitaba descansar su rodilla y le vino bien quedarse en el hospedaje, la cena terminó siendo una gran celebración, se nos unieron otros peregrinos y nos quedamos hasta tarde en una amena sobremesa.

En la mañana, después del merecido descanso, Amin se sentía mejor de su rodilla y, luego del desayuno, a un ritmo moderado comenzamos a caminar hacia nuestro próximo destino. Teníamos que cubrir 20 kilómetros para llegar a Melide, oficialmente en esta etapa dejábamos la provincia de Lugo y entrábamos en O Coruña, eso quería decir que Santiago de Compostela, capital de Galicia y nuestro destino final, ya estaba cerca, a solo 50 kilómetros de nuestra meta de ese día.

La ruta para llegar a Melide, comparada con etapas anteriores, transcurría de una forma manejable por áreas rurales y pequeños pueblos; algunos caminos, unas veces de asfalto y otras veces de tierra, eran más cómodos que otros. Subimos y bajamos, gradualmente, durante los primeros 12 kilómetros para luego descender hasta llegar a Melide. Esto fue de mucho beneficio para Amin, quien, aunque se mantuvo rezagado, no sufrió mayores inconvenientes en su rodilla; de todas formas, nuestros dolores y preocupaciones quedaron atrás al llegar al punto final.

Habíamos esperado mucho para llegar a este codiciado destino, todos queríamos llegar a Melide para saborear su mundialmente famoso pulpo a la gallega. Sin detenernos en ningún sitio fuimos directamente a la *Pulpería Ezequiel* a tomar un vino y disfrutar una suculenta cena. Debido a que en Melide se une el Camino Frances con el Primitivo la pulpería estaba repleta de peregrinos, sin embargo, el personal del establecimiento está acostumbrado a grandes grupos y el servicio fue rápido y eficiente. Esto fue una nueva experiencia para Melany, quien quedó asombrada con la destreza que se atendía a los comensales. Estuvimos largo rato celebrando y disfrutando del rico pulpo que le da fama a Melide, mientras tomábamos una botella de vino.

A la izquierda: Amin, Marcel, Melany, y yo. En el medio: la cena de hoy. A la derecha: mochilas de peregrinos.

Nuestra amiga tenía una reservación en un albergue de la localidad y aquí terminaba su jornada, Marcel y Amin optaron por pernotar en el hospedaje donde Melany había reservado, yo en, cambio, decidí caminar hasta Boente para acercarme más a mi destino. Al terminar nuestra cena en *Ezequiel* nos despedimos con la certeza de que nos encontraríamos en Santiago de Compostela.

Para llegar a Boente solo tenía que recorrer otros 6 kilómetros. Sin dificultad y a mi ritmo, llegué al Albergue Boente en poco más de una hora, luego de registrarme me fui a descansar para más tarde ducharme y salir a dar una vuelta. Después de recorrer el vecindario me fui a dormir para en la mañana salir temprano a caminar.

Al día siguiente salí a andar con el propósito de llegar a O Pedrouzo, la etapa era bajando sin nivel significativo alguno, casi todo el recorrido era asfalto y en esta etapa se habían juntado peregrinos del Camino Francés y del Camino del Norte, lo cual quería decir que el número de peregrinos había incrementado en la ruta a Santiago y la rivalidad para conseguir albergue era competitiva. Sin haber reservado un hospedaje de antemano era difícil conseguir donde pernotar, por esta razón al llegar a O Pedrouzo no había ningún albergue disponible y tuve que continuar mi jornada por varios kilómetros más; afortunadamente, al llegar a Sabugueira, salí del camino para buscar un café y me topé con una casa muy linda donde había disponibilidad de camas para pasar la noche, resultó ser que la casita era muy moderna, cómoda y con muchas facilidades. Cuando subí a la habitación que me habían asignado me percaté de que tenía tres camas, dos estaban vacías, y, para sorpresa mía, en la única cama ocupada estaba una peregrina que conocí en el Camino del Norte, me contó que se encontraba enferma y llevaba varios días en el hospedaje, pero ya había mejorado bastante y al próximo día se proponía reanudar el Camino.

Aproveché para lavar mi ropa en lavadora y luego secarla en la secadora, más tarde, después de ducharme, fui a cenar en compañía de mi amiga peregrina. Platicando sobre los acontecimientos del próximo día la comida se tornó en una cena celebración, al día siguiente saldríamos a recorrer los últimos kilómetros que nos llevarían a nuestro destino de Santiago de Compostela. Mientras cenábamos, mi amiga me puso al día sobre los acontecimientos del Camino del Norte y también me habló de lo que había pasado con algunos de los peregrinos que ambos conocíamos, después de comer regresamos al albergue para descansar y salir temprano a nuestra etapa final.

Como había caminado mucho el día anterior y el recorrido para llegar a Santiago era de sólo 13 kilómetros, me quedé durmiendo hasta tarde; cuando me levanté, mi amiga y otra peregrina que había llegado más tarde el día anterior, ya se habían marchado, el único que había en el hospedaje era yo. Al salir a la calle, antes de emprender mi corto viaje a Santiago de Compostela, me detuve en un café cerca del hospedaje a desayunar, aunque ya era un poco tarde el, café estaba muy concurrido con peregrinos procedentes de diferentes puntos de España y Francia.

Esa mañana estaba muy fría y, después de un suculento desayuno, salí a recorrer mi fase final, la cual me llevaba a la Gran Catedral. En la corta ruta que va a la capital gallega no hay desnivel significativo, unido a varios otros peregrinos, caminé los primeros kilómetros saturado de pensamientos y emociones que ya conocía, porque los había vivido anteriormente. La alegría en la mayoría de los peregrinos era notable, caminaban animadamente, anticipando el gran momento de una entrada triunfal a la Catedral de Santiago, otros cabizbajos, como con miedo a lo desconocido, caminaban lentamente tratando de adivinar como sería ese gran final. Fueran cuales fueran los pensamientos que ocupaba las mentes de aquella muchedumbre, la alegría de cada uno de ellos era evidente. En este último recorrido nos juntábamos peregrinos procedentes de diferentes puntos de la Península y del mundo, en su gran mayoría éramos extraños que, en esta etapa final, nos juntábamos por primera vez, sin embargo, parecíamos engendros de una misma familia y el aire estaba impregnado de camaradería y hermandad.

Atrás había quedado el verdor del Camino y ahora transitaba por poblados urbanos llenos de cafés y establecimientos que, en su gran mayoría, estaban enfocados a satisfacer las necesidades de los peregrinos. Pronto llegué al *Monte do Gozo*, donde hice una parada para disfrutar de aquel increíble panorama. Apenas unos pocos kilómetros me separaban de la gran ciudad, desde aquí se veía Santiago de Compostela, y por primera vez en todo el Camino se podía distinguir, a lo lejos, la Gran Catedral. Difícil describir lo que se siente al ver por vez primera aquel monumento, pero, la felicidad y el GOZO que se percibía era evidente en cada peregrino.

Cuando abandoné el *Monte do Gozo* continúe mi camino por calles y barrios hasta llegar a un albergue que había reservado muy cerca de la iglesia, caminé muchos días para llegar a la Catedral, pero ahora más que nada necesitaba una ducha de agua caliente que me quitara el cansancio de 31 días en el Camino, luego de purificarme iría a la Catedral para hacer la llegada oficial y saborear el triunfo de mi esfuerzo y dedicación.

Más tarde, ya cumplido el protocolo del albergue y haberme duchado con agua muy caliente, bajé a la calle con el propósito de llegar a la gran iglesia y terminar lo que había comenzado hacía mucho tiempo, sin embargo, parte de mí no quería llegar a la Catedral, entrar a la Plaza de Obradoiro significaba el final del Camino y yo no quería terminar. Descendí por la calle de Azabachería para entrar por el túnel que da acceso a la Plaza de Obradoiro y la música celestial que se tocaba hizo que mi corazón acelerara los latidos. Cuando por fin estuve frente al espectáculo de peregrinos que ya estaban allí, al igual que ellos dejé que mis emociones brotaran libremente. Por largo rato permanecí en aquel lugar, conmocionado por el cuadro que a cada momento se repetía cuando llegaban a la Plaza nuevos peregrinos.

Poco después del medio día pasé por la Oficina de Ayuda al Peregrino para recoger mi Compostela, en la larga fila me encontré con varios peregrinos, algunos con quienes compartí por mucho tiempo durante el trayecto hasta Santiago. Cada encuentro con viejos amigos era motivo de celebración y algarabía. Justo antes de llegar mi turno para recoger la Compostela recibí un mensaje de Emely, quien recién había arribado a la ciudad y estaba cerca de la Catedral con su mamá y otros peregrinos que habían llegado de completar el Camino Inglés. Después de recoger la Compostela me reuní con el grupo en el restaurante *Los Caracoles*, para una celebración. Más tarde llegó Amin y después llego Marcel, nos volvimos a reunir aquel grupo que había recorrido gran parte del Camino Primitivo junto.

La cena estuvo muy grata y fue superada únicamente por la sobremesa, conversamos por mucho rato y Emely dio un giro a la conversación para hablar sobre una manita que le había obsequiado un peregrino, yo había oído hablar de la mano de la amistad de Mocho, pero jamás había visto una, ella no sabía el significado de aquel símbolo y yo le expliqué que se trataba de una manita en miniatura elaborada por un inventor de juguetes, le dije que desde el año 1999 José Sanchís, conocido como Mocho, se había dado a la tarea de repartir en el Camino este símbolo de amistad; Mocho repartía la manita a peregrinos merecedores de poseer aquel distintivo, los cuales le habían hecho sentir que no estaba solo en el Camino, posteriormente, el peregrino que había recibido la manita, como símbolo de fraternidad se la regalaba a otro peregrino que hubiera marcado positivamente su recorrido en el Camino. Le expliqué a mi amiga que la manita no es un recuerdo y no se puede comprar, solamente se obtiene cuando un peregrino poseedor de la manita la regala a otro peregrino quien, a su juicio, es merecedor de ésta, de esa manera la manita no tiene dueño y pasa de peregrino en peregrino. Para sorpresa mía Emely quiso que yo me quedara con la manita, eso me costó dos lágrimas.

Mi amiga y su mamá tenían que viajar a Madrid temprano en la mañana para luego regresar al Reino Unido, así que con mucha tristeza y ojos húmedos tuvimos que despedirnos. Marcel, Amin y yo nos quedamos un rato más para saborear el triunfo de haber llegado a Santiago de Compostela.

El próximo día, después de la Misa del Peregrino, Amin continuó su camino yendo en autobús a Finisterre, mientras Marcel viajaba a Madrid para luego llegar a Florida. La despedida de los dos amigos, por supuesto, estuvo marcada por mucha pena y desconsuelo, pero cada uno tenía que continuar su camino. Con nosotros quedaban los recuerdos, experiencias vividas, lecciones del Camino para aplicar en nuestras próximas aventuras y una amistad perdurable. Los amigos se iban, pero siempre estarían ahí, como ángeles, cuidándonos desde alguna parte del mundo.

Al día siguiente me comuniqué con Ignacio y los amigos del Camino de Norte, pasado el mediodía nos reunimos para un festejo/despedida; desde aquella lluviosa mañana en Peón, donde ellos continuaron el Camino del Norte y yo comenzaba el Primitivo, no nos habíamos visto. Nos encontramos muy cerca de la Catedral donde efusivamente nos saludamos para luego ir a almorzar, me contaron sobre sus experiencias, mientras yo les hablaba de mis andanzas, era difícil creer que de nuevo me reunía con estos buenos amigos, quienes dijeron presente cuando los necesite. Así es el Camino, unas veces nos tropezamos con penas y otras, como ahora, nos invadían el júbilo y la alegría.

Con un poco de frío, después del almuerzo nos sentamos a la mesa afuera de *Café Paradiso* para saborear una copa de vino y ver desfilar a los peregrinos que pasaban rumbo a la Catedral. Hablamos de muchos temas con los amigos peregrinos, pero lo más interesante fue ver llegar a los caminantes, pues los recién llegados, aunque con mucho dolor en sus rostros, saboreaban el triunfo que estaba a sólo unos pasos de nosotros, algunos corrían como para llegar a tiempo a la Catedral, mientras otros cojeaban y apenas podían caminar. De todos modos, aunque a veces pintado en rostros de dolor, el éxtasis del triunfo estaba presente en cada uno de ellos.

La noche nos sorprendió en aquella alegre velada, y con ella también llegó la triste hora de la despedida, mis amigos tenían un día más de asueto en Santiago, pero yo partía a Madrid en el tren de las cinco de la mañana. Con dolor, tristeza, entre abrazos y palabras entrecortadas, nos dijimos adiós sabiendo que nos mantendríamos en contacto y nuestros caminos algún día se cruzarían otra vez.

A la mañana siguiente, cuando me dispuse a caminar hasta la estación del tren, la cual quedaba a solo 15 minutos de mi albergue, se desató un aguacero torrencial que me impedía ver el camino, como no estaba conectado a la internet me quedé sin señal de GPS. Caminando por calles oscuras y llenas de agua me perdí y comencé a andar a ciegas por callejuelas pequeñas, desoladas, llenas de charcos y con poca o ninguna luz; para colmo, las calles estaban desiertas y no había un alma a quien preguntar donde me encontraba. No sé cuánto tiempo estuve perdido, en un momento dado terminé en la Plaza de Obradoiro, saliendo de allí encontré a una persona que se dirigía en la dirección de la estación del tren, con la ayuda de él pude llegar al tren que ya estaba a punto de partir. Al abordar el vagón en segundos se cerró la puerta, después de encontrar mi coche y sentarme en el asiento asignado me pude percatar de que estaba empapado y no tenía nada seco en la mochila, con el aire acondicionado funcionando la temperatura se sentía bajo cero.

Con mucho frío, tiritando y bebiendo un río de cafés, transcurrieron las 6 horas de viaje hasta llegar a Madrid.

Almorcé en la estación de Chamartín y luego tomé un taxi a un hotel, en el cual había reservado una habitación, allí me despojé de todas mis ropas y me metí en una tina de agua caliente; no sé cuánto tiempo estuve en el baño, pero logré sacar el frío de cada uno de mis huesos. Cuando pude, encargué secar algo de ropa para cambiarme y tener algo que ponerme en el viaje de regreso a Puerto Rico.

A la mañana siguiente, como era de esperarse, me levanté con mucha fiebre y un terrible resfriado, quería quedarme en la cama y apenas pude salir de ella para bajar a desayunar. Más tarde pedí un taxi para que me llevara al aeropuerto, necesitaba llegar a casa y tirarme en una cama.

Después de pasar por el área de seguridad y llegar a la sala de espera, me enteré de que mi vuelo estaba sobrelleno y me ofrecieron 800 euros, más gastos, para que me quedara un día adicional en Madrid. La oferta era tentadora, pero quería llegar a casa y no podía cambiar eso por ningún dinero del mundo.

El vuelo de regreso fue una agonía interminable, de nuevo sentí frío que me helaba todos los huesos, no había mucho que pudiera hacer para deshacerme de aquella angustia, sentía que las dos frazadas que arropaban mi cuerpo no eran suficientes, y pensar que eran ocho horas de sufrimiento bajo aquellas condiciones. Creo que hubo momentos de lucidez durante el vuelo y lo único que pude pensar fue cuando sería mi próximo Camino.

Capítulo X: Regreso del Más Allá

Mi próximo Camino no fue a España, pensé que después de aquel rato amargo en mi viaje de regreso a casa desde Santiago de Compostela bajo aquellas condiciones adversas, era meritorio un descanso y cambiar el panorama, sin embargo, yo estaba consciente que el Camino estaba muy arraigado en mi sangre y, tarde o temprano, regresaría en pos de nuevas aventuras.

En julio del 2019 abordé un avión para viajar a la ciudad de Bucaramanga, capital del estado de Santander en Colombia, Suramérica. Este viaje no era para emprender camino alguno, tengo una amiga que vive en ese pedazo del mundo y quería llegar hasta ella, al visitarla me tomaría unas vacaciones del Camino y conocería esa parte de Colombia, a la cual no había ido antes. Como no estaba en mi mente emprender un nuevo camino en Santander, aunque llevaba ropa cómoda viajé sin indumentaria para caminar.

Desafortunadamente, el padre de mi amiga enfermó en Venezuela y ella tuvo que viajar hasta allá para estar con él. Lamentablemente, su papá falleció unos días más tarde y, como era de esperarse, el duelo por su padre hizo que su estadía en el país se prolongara. Por mi parte me dediqué a conocer la ciudad de Bucaramanga y sus alrededores, una ciudad muy completa y con muchos atractivos, pero yo prefería el bosque con su verdor, floresta, vida "salvaje", el ruido del silencio y la caricia de la Madre Naturaleza; a mí no me atraía la selva de la ciudad con su bullicio, enormes edificaciones, alboroto de máquinas desparramando veneno a su paso, personas caminando a toda prisa sin ningún motivo, y la competencia desleal de máquinas y personas, cada cual reclamando su territorio, pero como ya estaba en esta gran urbe había que conocer algo de ella.

Con la ayuda de Google pude identificar lugares icónicos de la ciudad para visitar, pretendí ser un turista y, con la cámara de mi celular en mano, me tiré a la calle para abrirme paso entré la muchedumbre y conocer a Bucaramanga con sus encantos. Entiendo como esta gran urbe podría seducir a un verdadero turista, sus lujos, comodidades, pompa, atractivos y exquisiteces era evidentes a cada paso, pero como todas las grandes ciudades, esta capital también tiene su gente invisible. Por lo general los turistas no ven las necesidades, miseria, hambre y penurias que sufre la clase olvidada que el tiempo y la escasez se han encargado de desvanecer. Aunque el gobierno y un grupo nutrido de ciudadanos hacen lo que pueden para mitigar la situación que sufre esta comunidad, la insensibilidad de muchos de nosotros, y la indiferencia de algunos, ayuda a que esta población este relegada al olvido y a la miseria. Esta situación es típica de las grandes ciudades, y cuando nos toca enfrentarla cerramos los ojos y apresuramos el paso para no ver el cuadro de miseria mientras nos alejamos. Es poco lo que podía hacer por aquella gente olvidada por el tiempo y la sociedad, pero trate de que algunos que se cruzaron en mi camino tuvieran un instante de bienestar y desahogo.

Después de tres días turisteando por la linda Bucaramanga ya me oprimía la copiosidad de esta singular metrópoli y me hacía falta el aire de la montaña. Temprano en la mañana desayuné con la idea de alejarme un poco de las masas y el ensordecedor ruido de la urbe, llegué en Uber a Floridablanca, en las afueras of Bucaramanga, para visitar el cerro de *El Santísimo*, esta hermosa montaña se encuentra en la Vereda Helechales de Floridablanca cerca de Bucaramanga, su mayor atracción es una escultura gigantesca, de unos 37 metros de alto, para llegar a ella hay que ascender en teleférico a una altura de unos 1400 metros. Desde un mirador, adjunto a la escultura, la vista panorámica de Floridablanca, y Bucaramanga es espectacular. La escultura representa a Jesús de Nazareno y algunas personas hacen un peregrinaje, en Semana Santa.

Por un par de horas estuve recorriendo, como niño, los predios de *El Santísimo*, y cuando estuve satisfecho de haberlo visto todo regresé en teleférico hasta la parte baja de la montaña, sin embargo, en lugar de regresar a Bucaramanga en automóvil, decidí caminar hasta donde se encontraba ubicado mi hotel. Habían unos 7 kilómetros en línea recta para llegar hasta mi destino, pero era imposible hacerlo en línea recta, en forma de campo traviesa la distancia era doble y con los obstáculos de tránsito, aceras deterioradas y un sin número de otros impedimentos, la ruta se hacía algo complicada.

Cuando dejé el teleférico comencé mi descenso, por un frondoso sendero de bambús y hojarascas hacia la vía principal, el paraje era hermoso y la temperatura estaba muy agradable, mejor aún, el tránsito era limitado o ninguno. Así trascendieron los primeros 15 o 20 minutos. Me percaté de que había humo en el camino, pero no hice mucho caso, más tarde me encontré rodeado de fuego a ambos lados de la vía y por el humo tan espeso perdí la dirección del camino, no sabía a donde ir, afortunadamente, comencé a ver luces de un automóvil que se dirigía subiendo hacia donde yo me encontraba, rápidamente me hice hacia un lado del camino y lo dejé pasar. Por la dirección en que venía el automóvil me pude orientar, deduciendo que el rumbo a seguir para salir del atolladero era de dónde venía el vehículo. En unos minutos alcancé a ver claridad en la dirección que iba, tosiendo y apenas pudiendo respirar me apresuré para dejar atrás la oscura humareda. Más adelante, había varias personas aguardando para subir, cuando emergí de aquel laberinto, como fantasma en la oscuridad, asustados comenzaron a entrevistarme, yo apenas podía hablar y, después de un corto intercambio de palabras, continúe mi camino en busca de aire más puro.

Por fin llegué a la vía principal y di la bienvenida al monóxido de carbono, de aquí en adelante comencé el laberinto de carreteras, barrios y vecindarios que eventualmente me llevaron a la ciudad de Bucaramanga. Ahora tocaba abrirme paso entre la muchedumbre de personas que, como locos, caminaban a toda prisa de un lado para otro, mientras yo trataba de reclamar mi pedacito de espacio por diferentes aceras; peor aún, al querer cruzar la calle tenía que cuidarme de las grandes máquinas atestadas de pasajeros que cruzaban de un lado para otro, todo esto mientras, como si se tratara de un partido de fútbol, esquivaba un enjambre de motos y pequeños cochecitos vestidos de amarillo.

Con mucha suerte y sin mayores tropiezos comencé a ver vestigios del vecindario donde estaba ubicado mi hotel, cuando creí que ya estaba a salvo se desató un aguacero torrencial que me empapó de pies a cabeza, sin embargo, dí la bienvenida a aquella lluvia bendecida que llegaba a lavar las impurezas que pude haber acumulado durante este corto recorrido. La lección era clara: el caminar tiene sus dolores y sacrificios, pero el verde del campo es el antídoto para los males del camino, para caminar hace falta la compañía de la Madre Naturaleza.

Después que llegué al hotel, una vez duchado y con ropa seca, salí a cenar para luego regresar a descansar, esa noche por las redes me enteré de una caminata que se daba para el domingo 28 de julio del 2019 de Pescadero a Cepitá por un área del Cañón del Chicamocha. Decía la propaganda que era una ruta que no se había hecho por varios años y, como tal, se consideraba nueva para muchos senderistas, además, tenía un grado de esfuerzo entre 7 y 10. Busqué en el mapa y vi que era una ruta de solo 23 kilómetros, acostumbrado a caminar esa distancia creí que sería interesante y me picó el gusanito del caminante.

En la mañana fui al banco a consignar la cuota de 25.000 pesos colombianos para poder ingresar y participar en la caminata, sabía que no tenía la indumentaria necesaria para hacer ese recorrido, pero no creí que eso fuera un gran impedimento, era solamente un día y pensé que la experiencia de caminar con un grupo nuevo valdría el sacrificio, además, después de leer un poco sobre este grupo, *Caminantes Correcaminos de Colombia*, me pareció interesante lo que hacían y me inspiraron confianza.

El domingo me levanté muy tempranito para estar en la parada y tomar la buseta que salía a las 4:30 am, por suerte, la parada estaba a sólo cinco minutos de mi hotel y la caminata en la mañana me vino bien. Cuando llegué al Parque de los Niños, donde debíamos reunirnos para abordar el vehículo que nos llevaría al comienzo del camino, no vi a ningún caminante y busqué por todas partes sin éxito, llamé a Nelson Sepúlveda, quien era uno de los organizadores, y me indicó como llegar a donde se habían reunido. Muy pronto llegué a donde se había aglutinado el grupo y, pocos minutos después de presentarme, apareció la buseta para recogernos.

La primera parte del viaje marchó sin novedad, mientras hacíamos paradas para recoger pasajeros por la ruta yo me relajaba y disfrutaba del panorama. Desafortunadamente, a medio camino el vehículo comenzó a tener problemas mecánicos y se hizo difícil subir las pendientes de la carretera, con muchos tropiezos y muy lentamente llegamos a un restaurante donde paramos a comer, ya desayunados tuvimos la dicha de que el conductor de otra buseta, la cual iba en nuestra dirección, accedió a llevarnos hasta nuestro destino mientras sus pasajeros comían, de esta forma llegábamos al punto donde debíamos dejar la carretera para comenzar a adentrarnos al cañón y comenzar nuestro ascenso.

Cuando estuvimos todos reunidos en el lugar de partida, después de recibir instrucciones, bajamos desde la carretera hasta llegar a la ladera del Rio Umpala para comenzar nuestro sendero, durante los primeros 15 minutos me mantuve caminando con el grupo mientras disfrutaba del caudaloso sonido de las aguas del río viajando a algún lugar, luego llegamos a un sendero donde nos desviamos del río y comenzamos a internarnos en el bosque para comenzar a subir la cordillera que nos llevaría al tope de la montaña, la senda era muy espesa, con mucha vegetación y arroyos que corrían a encontrarse con el Umpala, luego de una parada, frente a las últimas residencias del cañón, continuamos el ascenso por la floresta que nos llevaría al tope de la montaña, alrededor de media hora más tarde habíamos cruzado el bosque y nos vimos expuesto al sol, continuamos la subida por terreno árido de arena y piedra, ahora escaseaba la vegetación y la poca que había era muy resistente a los elementos y cambios del clima, típica de la que crece cerca al desierto. El sendero por donde andábamos tenía poca anchura y estaba muy cerca al barranco de la montaña, lo cual presentaba un peligro cuando avanzábamos, había que caminar con mucho cuidado y precisión para no resbalar y caer por el barranco.

A menudo parábamos para hidratarnos o tomar un pequeño descanso y recuperar el aliento, conforme fuimos ganando altura mis descansos eran más frecuentes y se me hacía difícil mantenerme junto a la tropa, una joven del grupo, de nombre Mery Bermúdez, quien se había percatado que yo caminaba tambaleándome, me acompañaba desde una distancia prudente. En varias ocasiones me preguntó si yo estaba bien, yo creí estarlo y le contestaba que sí, no había nada por qué preocuparse. No creo que me creyera y cuando el grupo desapareció se quedó atrás para acompañarme.

Fue así que, con más descansos y paso lento e inestable, casi logré llegar a la cima de la montaña, apenas faltaba medio kilómetro cuando sentí que las fuerzas me fallaban y me iba a desplomar. Antes de caer a la arena caliente me tiré de rodillas y luego me volteé boca arriba sin fuerza alguna. Mery se apresuró a donde estaba y me dijo que ella no podía cargar conmigo, pero que iba a buscar ayuda, creo haberle dicho que no se preocupara porque yo estaba bien. En ese momento, cuando sentí el calor de la arena caliente en mi cuerpo y sabiendo que no tenía que hacer esfuerzo alguno para moverme de allí, llegó a mí una sensación de paz y bienestar jamás experimentada en toda mi vida, creo que, antes de desaparecer, Mery trató de consolarme con palabras de aliento, pero yo no podía entender lo que me decía, estaba muy a gusto en mi mundo, y mis sentidos estaban ocupados saboreando lo que estaba viviendo.

Lo próximo que recuerdo de mi entorno es que me había quedado solo y estaba bajo un sol candente, aun así, el sol era acariciante y confortable, permanecí así por varios minutos, y en un instante de lucidez, llegó a mi mente el pensamiento de que iba a morir y tenía que hacer lo posible para evitarlo, aunque la sensación que sentía tirado en aquel lugar inhóspito era muy agradable y quería permanecer allí, el esfuerzo por sobrevivir me hizo reaccionar. En ese instante giré la cabeza lo más que pude en dirección contraria al sol y alcancé a ver un arbusto que tenía un poco de sombra, con mucho esfuerzo puse las correas de mi mochila, que estaba usando de almohada, sobre mis hombros y logré voltearme boca abajo. Llegaron a mi unas fuerzas extrañas y comencé a gatear por la arena caliente hasta llegar al arbusto, metí mi torso y mi cabeza debajo del matojo, para que esa parte de mi cuerpo tuviera sombra, con mucho esfuerzo logré voltearme boca arriba y después de sacar las correas de mi mochila sobre mis hombros la acomodé de almohada. La sombra, la arena tibia en mis piernas y el aire fresco de la montaña me hicieron sentir a gusto, sentí que me estaba quedando dormido y no hice mayor esfuerzo para evitarlo. Por un instante proyecté lo que iba a pasar cuando quedara dormido, tal vez los buitres y otros animales que merodeaban el área vendrían a curiosear, a lo mejor la ayuda no llegaría a mi o llegaría muy tarde, quizá vendrían a buscarme y no me encontrarían; a mí, sin embargo, no me atormentaba nada de eso, yo estaba muy a gusto donde me encontraba y no sentía miedo.

Poco a poco sentía que iba a otra dimensión, un sueño un desmayo o un trance me transportaron fuera de aquel lugar, aunque yo estaba solo escuché voces de personas desconocidas, traté de entender lo que decían, pero hablaban muy bajito. El lugar donde estaba y escuchaba esas voces era de mucha paz y armonía, me sentí muy a gusto y quería quedarme en aquel paraíso, traté de identificar donde me encontraba y quienes eran los dueños de aquellas voces, pero la oscuridad no me lo permitía.

No sé cuánto tiempo permanecí en aquel mundo extraño, de pronto sentí que las voces se habían apagado y el sitio ya no era igual, traté de orientarme para percibir donde me encontraba, pero fue inútil, solo sabía que el lugar donde había mucha paz, sensación de gozo, alegría y donde me sentía tan a gusto, ya no estaba. Posteriormente me pareció escuchar voces y afiné mi oído para ver si las podía reconocer, aunque eran voces muy débiles, reconocí que eran de miembros del grupo con quien yo andaba. Nelson Sepúlveda y Diego Andrés Guevara habían salido a mi rescate y me estaban buscando, aunque yo los oía y les respondía, mi voz era muy débil y ellos no me escuchaban. Tras mucho llamar oí que alguien me respondió y, muy débilmente, les grité con todas mis fuerzas "aquí" y guiándose por mi voz y el rastro que había dejado sobre la arena pudieron localizarme. De inmediato procedieron a darme la ayuda necesaria para que recobrara mis fuerzas, me sentaron para que tomara agua, sales y no sé que más, después que agotaron todos sus recursos me dejaron descansar por varios minutos, más tarde, como no podía levantarme, me tomaron por los brazos y me ayudaron a incorporar, no me podía sostener en mis piernas y mucho menos podía caminar. Ellos comenzaron a arrastrarme y yo les ayudaba como podía empujándome con mis pies, a cada cien o doscientos metros me sentaban para tomar un descanso.

Luego de haber "caminado" como medio kilómetro llegamos a la única choza que había en todo el trayecto, allí se encontraban Mery, Norha Hincapié, su hija Carolina Rodríguez y William Bermúdez. Cuando llegamos a la choza, como buenos ángeles del desierto, comenzaron a atenderme. No sé cuántos remedios caseros metieron en mi cuerpo antes de ponerme a descansar, me sentí a gusto a la sombra de aquel balcón y creo que me quedé dormido. Pasado ya algún tiempo, vagamente escuché la voz de Norha preguntando si alguien había tomado mi pulso, rápidamente reaccioné quedando sentado y les grité que estaba vivo.

Los Ángeles del Cañón del Chicamocha. De izquierda a derecha: Norha, Mery, Diego, yo, William, Carolina y Nelson

Me dejaron descansar por varios minutos más y William me preguntó que si podía caminar, a lo cual contesté que no, sin embargo, más tarde pude incorporarme sin ayuda. Traté de dar un paso y lo pude lograr, William me prestó un bastón y sugirió que comenzáramos a caminar lentamente. Aunque quedaba mucho camino por recorrer, el trayecto era bajando y en su opinión lo podía lograr. Muy despacio comenzamos a movernos y a los quince minutos ya sentía que recobraba mis fuerzas, media hora más tarde tomamos el primer descanso y yo me había recuperado bastante, pude disfrutar de la belleza y grandeza del Cañón mientras comía unas frutas secas y tomaba agua.

Luego del merecido descanso, casi con todas mis fuerzas recuperadas, retomamos el descenso, bajar por aquella empinada montaña no fue tarea fácil, conté haberme caído unas siete veces, pero al menos después de haber recuperado mis fuerzas el camino se hacía menos difícil. Como despedida al Cañón del Chicamocha, y en agradecimiento de nuestra visita, unos kilómetros antes de haber bajado la montaña la Madre Naturaleza nos obsequió con un torrencial aguacero que refresco nuestra bajada.

Luego de haber dejado el Cañón atrás encontramos el primer bar, donde hicimos una parada obligatoria, fuimos recibidos por algunos miembros del grupo quienes se alegraron de vernos y nos dieron una calurosa bienvenida. En una linda reunión fraternal celebramos aquel significativo encuentro, mis acompañantes celebraban haber completado el trayecto Pescadero – Cepitá, yo celebraba volver a la vida.

Después de haber compartido con nuestros amigos, caminamos un par de kilómetros donde fuimos recogidos por una camioneta para transpórtanos a Cepitá, donde nos esperaba el resto del grupo, la celebración y camaradería continuó hasta tarde en la noche cuando tuvimos que regresar a Bucaramanga. Luego de haber abordado la buseta y sentarme a disfrutar el camino de regreso, me percaté del cansancio que sentía y los muchos dolores por todo mi cuerpo.

Me debo de haber dormido, porque el camino a la ciudad se me hizo sumamente corto. Cuando llegué a mi parada, en el Parque de los Niños, me bajé junto a Juanita Serpa, otra caminante que también se quedaba allí. Me dijo que iba a esperar un taxi porque no le gustaba caminar sola a su casa en la noche, yo comencé a caminar rumbo a mi hotel y me percaté de que no tenía mi teléfono celular. Aunque apenas podía hacerlo por el dolor en los pies, corrí de nuevo a la parada para decirle a Juanita que había perdido mi celular, el teléfono no era de gran valor, pero en él tenía mucha información importante, como eran mi registro para conducir, copia del pasaporte y tarjetas de crédito, entre otras. Juanita ya estaba por abordar un taxi, pero cuando me vió correr hacia su dirección cerró la puerta y permitió que se fuera. Cuando llegué donde estaba ella le informé que había extraviado mis papeles junto con el celular y que pensaba que había sido en la buseta durante el viaje desde Cepitá, mi amiga llamó a Nelson, quien era uno de los organizadores de la caminata, para informarle de mi pérdida, él dijo que era muy tarde para resolver mi situación esa noche, pero que llamaría al conductor de la buseta, para que hiciera una inspección en el autobús a ver si se había quedado allí. Juanita tomó otro taxi para ir a su casa mientras yo, cojeando, adolorido y preocupado, regresé al hotel.

Cuando llegué al hospedaje apenas me podía quitar los zapatos por lo adoloridas que tenía mis extremidades, al ver mis pies pude entender el dolor que en ellos sentía, por la bajada tan pronunciada en la montaña del Chicamocha sin el calzado adecuado, ocho de mis uñas habían ennegrecido y eran candidatas a perderse. Para aliviar mis dolores me duché con agua muy caliente por mucho tiempo, luego me regué con agua fría para refrescarme y relajarme; aun así, esa noche dormí muy poco, los dolores que acariciaban todo mi cuerpo no me permitieron relajarme y en medio de aquella tortura era difícil conciliar el sueño.

En la mañana, muy adolorido, apenas me pude bajar de la cama para ir a desayunar, por suerte había un café en la esquina al lado del hotel y, caminando con mucha dificultad, pude llegar a él. Luego de haber desayunado volví al hotel para ir a la cama de nuevo, el calzado me molestaba y apenas podía caminar, por lo que me pareció que la mejor alternativa era el lecho.

Quería llamar a Nelson para ver si tenía noticias de mi celular, pero era muy temprano y no era prudente molestarlo a aquella hora. Cuando ya había descansado por algún tiempo y me pareció una hora adecuada para llamar, me comuniqué con mi amigo, charlamos por unos minutos y me preocupó su tono de voz, en ella no percibí la alegría de que habían encontrado mi teléfono, no me pude aguantar más y le pregunté que si había aparecido mi celular, tranquilamente me dijo que sí y que debía recogerlo en la residencia del conductor de la buseta, me alegré mucho y apenas terminamos la conversación salí a buscar mi teléfono.

Cuando llegué a la dirección que Nelson me había indicado, muy amablemente, fui recibido por la esposa del conductor y uno de sus hijos, cuando me identifiqué su hijo corrió a buscar mi celular, parecía que todo estaba en orden y quise regalarle algunos pesos en gratitud por su noble diligencia, pero de ninguna manera los aceptaron. Antes de regresar al alojamiento les dije lo importante que eran para mi aquellos documentos, con gran gozo, ofrecí mis agradecimientos y dejé saber lo encomiable que había sido su acción.

De regreso al hotel me propuse descansar por un tiempo, en lo que me reponía de aquella desmesurada batalla que había tenido con el mirífico Cañón del Chicamocha, por unos días estuve recluido en el hospedaje mientras mi cuerpo seguía su curso.

Antes de volver a casa, mi amiga había regresado de Venezuela y, durante unos días, pude compartir junto a ella y su familia. Sintiéndome mejor, ya rumbo a la recuperación, retomé el rol de turista y junto a ellos pude recorrer algunos lugares de la ciudad que había pasado desapercibidos. Como mi amiga Mairy conocía la ciudad, me sirvió de guía, anduvimos hasta por algunos recovecos que solo no hubiese podido ver ni conocer.

Cuando llegó el tiempo de regresar a casa lo hice con mucha pena, atrás quedaban los recuerdos, amigos, memorias vividas, golpes y enfrentamientos con la Madre Naturaleza en todo su apogeo, sin embargo, llevaba conmigo lecciones aprendidas que eran difíciles de borrar. En poco tiempo el Cañón del Chicamocha, junto a mis amigos los *Caminantes Correcaminos de Colombia*, sin saberlo, me habían dado un escarmiento que me hizo madurar en un abrir y cerrar de ojos. Satisfecho por la hospitalidad del pueblo hermano, regresé a casa para reorganizarme, meditar sobre mis caminos y lamer mis heridas.

Agradecido de la vida ahora puedo celebrar dos cumpleaños: en una ocasión tuve la dicha de nacer un 31 de enero en una pequeña y hermosa isla del caribe, Puerto Rico es la patria que por primera vez me vio nacer; muchos años más tarde, un 28 de julio volví a nacer en la cima de un solitario cañón en Santander, estado de Colombia. Doy gracias a la vida por permitirme haber nacido, en ambas ocasiones y poder continuar caminando.

Fin

www.ingramcontent.com/pod-product-compliance
Ingram Content Group UK Ltd.
Pitfield, Milton Keynes, MK11 3LW, UK
UKHW022215230426
12048UKWH00016BA/852